Colhendo Flores, não espinhos

Márcia de Castro Soares
pelo Espírito Bernard

Colhendo Flores, não espinhos

Aliança

1ª edição, Setembro/2015, do 1º ao 5º milheiro.

Título
Colhendo Flores, Não Espinhos

Autor
Marcia de Castro Soares / pelo Espírito Bernard

Revisor
Antônio Roberto de Carvalho

Diagramação
Pâmela Biazon

Capa
Pâmela Biazon

Impressão
Markpress Brasil Indústria Gráfica Ltda.

Ficha Catalográfica

Dados Internacionais de Catalogação na Publicação (CIP)
(Câmara Brasileira do Livro, SP, Brasil)

Bernard (Espírito)
Colhendo Flores, Não Espinhos / pelo espírito Bernard;
[psicografado por]Marcia de Castro Soares.
-- São Paulo : Editora Aliança, 2015.

ISBN 978-85-8364-022-6

1.Espiritismo 2. Psicografia 3. Romance espírita
I. Soares, Castro. II. Título

15-07478 CDD-133.9

Índice para catálogo sistemático

1. Romance espírita psicografado: Espiritismo 133.9

Editora Aliança
Rua Major Diogo, 511 - Bela Vista - São Paulo - SP
CEP 01324-001 | Tel.:(11) 2105-2600 | Fax: (11) 2105-2626
www.editoraalianca.com.br | editora@editoraalianca.com.br

Sumário

Apresentação

Eis mais um livro narrado pelo Espírito Bernard: Colhendo flores, não espinhos.

Neste trabalho, Bernard nos conduz aos anos 1960-70, em que a economia atingiu taxas recordes, gerando um ciclo de progresso. Somente já na soleira do terceiro milênio, posterior aos 30 anos gloriosos, é que isso foi notado, sendo denominado de anos dourados do capitalismo, por conta dos grandes crescimentos econômicos industriais que pareciam ter acontecido de repente, naquela época.

Em todas as áreas, houve inovações, músicas com melodias alegres, o rock and roll, o twist. A tecnologia mudou os costumes da população com o freezer, a lavadora de roupas automática, a televisão, discos de vinil, relógios digitais. Mais famílias usavam o telefone e o automóvel.

Foi tempo de abertura para novas ideias e diálogos que viabilizaram melhor organização do Movimento Espírita no Brasil, sua divulgação ampliada com mais obras de Chico Xavier e de outros conceituados médiuns.

A propagação da Doutrina dos Espíritos vinha sendo um trabalho de "bandeirantes", para que a luz da nova revelação fosse difundida neste imenso país. Nos anos dourados, houve natural descontração para questionar a incoerência de se dizer "sou católico não praticante", menção de que a família ou a pátria veladamente impunha tal religião como única.

Os frutos que colhemos hoje são numerosas instituições espíritas e vasta literatura para o estudo da Doutrina Espírita. E isso nos faz volver o olhar ao passado, aos 30 anos gloriosos, denominados por Bernard "Anos Dourados do Espiritismo".

Colhendo flores, não espinhos é uma compilação da trajetória de almas no mesmo bojo coletivo, numa narração destituída de descrições detalhadas, apresentando ao leitor atento pontos em que cada personagem no uso de seu livre-arbítrio "escolheu" seu destino.

"Deus escreve certo em linhas tortas o nosso destino", diz o povo, mas somos nós mesmos que as entortamos, porque esse Pai Misericordioso que tanto nos ama somente faz com que se cumpram suas leis de amor, justiça e evolução.

Parece que caminhamos evolutivamente para mais lucidez espiritual, mais conscientização. Os modernos discípulos do Cristo, com vontade e determinação no Bem, são multiplicadores de luzes, requerendo primeiro que cada um faça brilhar sua própria luz!

O leitor logo vai perceber que o sentimento de amor ao próximo veio para ficar, pois ele atua e se expande, é um exercício de bem querer que galopa em nosso coração: cerceá-lo impediria os laços afetivos de reconciliação, de auxílio, de gratidão ao próximo.

Já é tempo de mais liberdade, e ser diferente é natural. A pessoa que faz a diferença no Bem, mostrando claramente suas escolhas, é destemida de exclusão social, porque sente que seu estágio terreno é passageiro e que não deve ser movida pelo arrastamento da turba social, ditando o que pensar, falar, almejar, vestir, comer, beber, comprar...

A criatura humana não é um robô, manipulável; é uma essência divina que, por ora, visita um meio vibratoriamente denso, diversificado, áspero. Deus espera de cada um a prova de não sucumbir aos imperativos materiais ilusórios para prevalecer sua essência espiritual sempre em ascensão.

Meu irmão ou irmã que abre este livro para reflexão sentirá que basta seguir o roteiro evangélico, segundo interpretações ajustáveis ao seu entendimento, para efetiva transformação interior e, graças ao seu esforço e trabalho, usufruir momentos de paz, prenúncio da felicidade futura.

Márcia de Castro Soares

Capítulo Um

Provas

José Cabral tartamudeava surpreso perscrutando o olhar dos familiares incrédulos diante daquela cena patética. Embasbacado na realidade premente de dizer algo, acenou para si mesmo rente à cabeça, ejetando da mente as palavras mudas, os olhares atentos à sua volta, e pôs-se a passos lentos a passear na sala, com as mãos e pensamentos nos bolsos da calça de sarja preta, para psiquicamente se adaptar ao novo.

Como ele não podia ficar à mercê somente da razão, o coração apertou-lhe no peito de tal modo que lágrimas iminentes subiram até seus olhos. Cabral não cedeu às lágrimas, resistiu por alguns segundos, franzindo a testa e piscando as pálpebras ligeira e voluntariamente para espairecer, e espaireceu.

Aproximou-se novamente da cena em que se via uma moça envelhecida, não pelo traje simples de uma interiorana, e sim pela face congestionada de desesperança por conta da decepção que causava àquela família que tanto a amava.

Juntando suas forças para um sorriso que não se abriu, Cabral lhe disse:

— O que parece um mal, pode tornar-se um bem. Que você seja feliz com o filho que espera. Vamos ao que interessa: ao pré-natal e ao enxoval do bebê.

Uma luz se fez no semblante da menina-mãe e sua jovialidade ressurgiu discretamente, obscurecida pelos restos de vergonha e medo que ainda nutria. Entretanto, diante daquela "sentença" sentiu-se fortalecida e, saindo de todo aquele torpor negativo em que se encolhera, lavando-se em lágrimas incontroláveis de alívio, ergueu-se do sofá de braços abertos para o pai que, atônito, atirou-se naquele abraço para ouvi-la bem perto de seu ouvido:

— Serei muito feliz!

Aquele abraço espiritualmente confortava a ambos nessa trajetória terrena; ele, vencedor de si mesmo, sobrepujando sua primitiva índole agressiva e Helena conquistando a graça de ser amada acima de tudo.

Diante do exemplo, a mãe e a irmã mais velha entraram no mesmo clima de aconchego familiar. A mãe, enxugando lágrimas teimosas, encoraja a filha de que tudo transcorreria bem; a irmã prefere falar das peripécias futuras em vez de lembranças agitadas. Todos foram vencedores na prova.

Nininha, alta, magra e delicada, era uma esposa linear e costureira de mão cheia. Trabalhava em casa como desafio diante do imperativo da moda para clientes exigentes e fiéis. Seu trabalho, que nos primeiros anos contribuíra para o sustento do lar, agora já não era necessário. Foi a inspiradora para os negócios de Cabral, que um dia trocou o box do mercado municipal central paulistano por uma loja de tecidos na cidade onde ela, sua noiva, morava.

Cabral buscou no interior de São Paulo melhores recursos, na capital o custo de vida era muito alto. Só lamentou deixar os companheiros do mercado, homens fortes e trabalhadores. Uma Babel diferente, onde portugueses, italianos, japoneses, chineses, árabes e húngaros aprendiam a nossa língua alegremente e trocavam favores.

Feito o ponto comercial no centro da cidade, agora Cabral não mais arredaria o pé dali. Ele e sua esposa se amavam serenamente, tinham a mesma afinidade em se tratando de bom gosto e qualidade dos tecidos e em nada mais, porém se completavam com suas diferenças.

Nininha era uma mulher pacata que gostava do que fazia e com isso mentalmente repelia pensamentos malsãos. Voluntariamente confinada ao lar, não tendo vivido experiências que lhe forjassem o poder de determinação para fazer escolhas e tomar decisões na vida, dependia da autoridade moral do marido. Uma vez viabilizada a possibilidade de chegar ao lar uma criança, pôs-se a trabalhar nas roupas do berço do bebê com o mesmo encantamento que um dia tivera com a chegada de suas filhas Maria Dolores e Helena.

Os dias foram passando, Helena acariciava intermitentemente o ventre para acreditar que ali guardava uma vida. Essa criaturinha não poderia ser culpada pelo desmoronamento do sonho de um dia casar-se com um "príncipe encantado e ser feliz para sempre". Como toda moça, almejou num futuro distante ter um filho, porém não agora, assim, mãe solteira. Julgou-se ingênua em acreditar que por ficar de mãos dadas com o Luís estariam entrelaçados a um só destino.

O consequente fruto do relacionamento trouxe-lhes uma torrente de emoções. Anunciada a gravidez, abalado, o jovem Luís mal expôs que não estava preparado para casar-se, o que "levaria a maior grana", e que queria aproveitar mais a vida, todavia cumpriria seu dever de pai. Helena melindrou-se e ninguém podia prever o que ela seria capaz de fazer. Diante do que ouviu, ela observou que tivera intimidade com um estranho e julgou que a criança não merecia um pai como ele. Ela reagiu impulsiva e colericamente, não só devolvendo mimos, fotografias e bilhetes que dele recebera, como também interferindo junto ao pai para que Luís fosse, sob outro pretexto, demitido do serviço na loja.

Numa noite o rapaz apareceu à porta de sua casa, afirmando amá-la e dizendo que precisavam conversar, porém não foi possível dialogar, Helena fechou-se e fechou o portão, deixando-o na calçada, aturdido e sozinho, sem saber o que fazer. Depois de alguns dias ela soube que Luís viajou para trabalhar na capital. Parece que ambos perderam a beleza da prova.

Diante da indisposição física dos primeiros meses, ela teve de dar a notícia da gravidez aos pais.

Helena contava 17 anos, pele clara, cabelos longos até os ombros, castanho-claros com naturais mechas aloiradas, corpo fofinho, estatura baixa. Rosto bem feito, olhos grandes e claros que pareciam ver por antecipação um pouco mais do que os outros podiam ver. Ela era extrovertida e meiga como o pai. Fazia um recolhimento forçado frente à inusitada situação, porém tranquila, entregando-se a uma languidez ora sonolenta, ora risonha, acariciando as roupas do enxoval do bebê.

O pai admirava o interesse de Helena em trabalhar na loja, diferentemente de sua irmã Maria Dolores, que preferia aprender corte e costura com a mãe. Ela gostava de arrumar-se com roupa de passeio, sair de casa, ver gente. Primeiro ficou a par dos serviços de escritório, do caixa, depois foi dando um toque de feminilidade: o fato de os balconistas serem uniformizados de terno e gravata era um tanto austero para seu gosto. Helena expunha mais atrativamente os tecidos com repuxos e pregas de maneira vistosa e interessante, fazendo uso de manequins enrolados em tecidos à maneira de vestidos, com acessórios despertando a feminilidade das clientes.

Sua irmã Maria Dolores era mais adulta, retraída, calada. Morena, alta, cabelos longos e olhos castanhos, por afinidade mais ligada à mãe. O casal Cabral e Nininha amavam as filhas igualmente, com o mesmo carinho, proteção e orientação na vida.

Fazia um mês que Helena não comparecia à loja. Recostada na cama, voltou-se para Maria Dolores, que fora pegar algo, pois dividiam o mesmo quarto.

— Não aguento mais ficar em casa, estou pensando em ir até a loja – suspirou.

Maria Dolores, surpresa, arqueou as grossas sobrancelhas, inquiriu sobre sua saúde.

— Você está mesmo disposta?

— Estou! – respondeu Helena, contente.

Intuitivamente percebendo uma vibração negativa nas palavras da irmã, Helena continuou:

— Estou disposta a trabalhar na loja até o final da gravidez, se papai permitir.

— Você está delirando. Quer mesmo envergonhar acintosamente toda a família! – exclamou impulsivamente sua irmã.

— Não sou como você, Maria Dolores! – retrucou logo Helena, num tom significativamente ríspido, fixando seu olhar lúcido nos olhos da irmã.

Maria Dolores, não sustentando o olhar, baixou os olhos, enrubescendo. Sentou-se na cama e murmurou:

— Eu não entendo, eu não entendo!

— Não entende o quê? Por que não fiz como certas moças que, diante de uma gravidez indesejada, matam a criança? – Helena questionou segura de si à boquiaberta Maria Dolores.

Depois de um minuto de silêncio, em que Maria Dolores roía as unhas, esta sussurrante argumentou:

— Mas ainda não há vida, é só um feto pequenino do tamanho de um grão de feijão...

Helena a interrompeu, mas agora flexionando suas palavras suavemente, controlando-se, contra-argumentando pausadamente para melhor entendimento da ouvinte:

— Num grão de feijão, Dolores, há uma vitalidade latente, porque ali dorme a capacidade de ele tornar-se, no momento propício, um pé de feijão, que haverá de doar-se para alimentar a vida de outras pessoas. Dentro de um grão de feijão está uma vida dada por Deus. E, para Deus, esse feto pequenino vale muito mais do que um grão de feijão! Você consegue visualizar isso?

— Eu sei, mas como você consegue assumir, ser tão... destemida?

— Papai e mamãe não iriam nos matar por isso! O máximo que poderiam fazer, como acontece em muitas famílias, seria expulsar-me de casa.

— E se eles fizessem isso, você não conseguiria sustentar-se sozinha com um filho nos braços! Aí então, melhor seria ficar sem o bebê, não?

— Não! – asseverou Helena, e exclamou sofregamente:

— Que eu morresse sem condições de sobrevivência, se isso Deus permitisse acontecer, mas eu matar, nunca!

— Nunca mesmo?! - Maria Dolores perguntou, transtornada.

— Nunca!

— E você não se melindra com a maledicência alheia? Porque vão falar, e você nada pode fazer - insistia Maria Dolores, analisando-a.

— Posso explicar, como estamos conversando agora - respondeu Helena evasivamente.

— Você não vai conseguir explicar para tanta gente que não é como as outras que, em surdina e no desespero, se desvencilham da gravidez; vão tomá-la como promíscua - flexionou Maria Dolores, abanando a cabeça negativamente e franzindo a testa de maneira tão parecida com seu pai.

Helena rasgou com lucidez mental alterando um pouco a voz:

— Des-ven-ci-lhar é um termo que foge da realidade, minha irmã; você tem de ter a coragem de pronunciar que ocultamente se faz um crime hediondo!

— Eu sei, eu sei - tremulou baixinho Maria Dolores e continuou:

— Eu não sabia que a reação de papai seria tão tolerante!

— Eu também nunca iria saber se tal não me acontecesse! - exclamou Helena, surpreendida.

— Ainda assim é difícil enfrentar os olhares de "todo o mundo" - observou Maria Dolores, encolhida.

Helena empertigou-se resoluta e bem-humorada:

— A vergonha de não ter tido o pudor que se espera de uma moça, de ter sido iludida por um rapaz que quer aproveitar a vida, não pode ser maior que o amor de uma mãe pelo filho. Desde já dou testemunho de amor a esse anjinho, ostentando corajosamente minha barriga – sorriu deliciosamente, acariciando o ventre. Ergueu-se para arrumar-se e sair, encerrando assim aquela conversa.

Maria Dolores contava 24 anos, muito magra, empalidecida, sem o viço que trazem as moças de sua idade, tristonha, pensativa, uma boa filha, respeitava o pai, companheira e amiga da mãe. A irmã a incomodava um pouco. Embora a amasse tanto, tinha um ponto de vista diferente: até mesmo o otimismo e a alegria de Helena a aborreciam um pouco, pois a faziam sair do comodismo, do isolamento em que se refugiava. Acompanhou o namoro de Luís e Helena, era irmã confidente.

Quando soube da gravidez, Maria Dolores intimamente sentiu que agora seria compreendida, porque Helena passava pela mesma situação que um dia ela, aos 18 anos, passou. Por certo mutuamente poderiam estreitar mais os laços fraternos que as uniam. No entanto, Helena se desvencilhou magnificamente do convite da covardia, elegendo a responsabilidade pelos seus atos. Não aceitou depender moralmente da presença do pai da criança, segundo ela, sem ser amada. Não imputava ao seu filho culpa de eventual infelicidade.

Maria Dolores considerava como tudo poderia ter sido diferente para ela, se tivesse tentado receber a mesma compreensão dos pais naquele tempo em que se viu envolvida em idêntica situação.

Aos dezoito anos, ela teve a infelicidade de ficar grávida de Norberto, o primeiro namorado. Porém ele, por conveniência, duvidou que o filho fosse dele, insinuando que ela pudesse ter tido envolvimento com outros rapazes; justamente ela, tão acanhada e leal.

Maria Dolores conheceu Norberto na rua, quando voltava do ginásio escolar, pois frequentemente lá estava ele e outros jovens na esquina a fazer "psiu" para as garotas bonitas na saída do colégio. Embora soubesse que não devia olhar para trás, afinal eles eram estranhos, ela olhou, desejando que o moço mais bonito de todos, que era "um pão" (garoto bonito), viesse conversar com ela. E ele veio.

Por ordem dos pais, só podia namorar no portão de casa, e tudo transcorria bem. Certa vez, passou na casa do namorado, sozinha, bateu palmas no portão, como fazia algumas vezes, no entanto naquele dia seus familiares saíram a passeio, e ela com o namorado ficaram na residência dele. Deveria ter prontamente voltado para casa, sabendo ele estar sozinho, mas deixou-se ficar, envolvida por suas carícias mais arrojadas, e o relacionamento sexual foi irresistível.

Após dois meses, ele mesmo providenciou para ela o teste de gravidez e lastimou o resultado positivo. Alguns dias depois, de relacionamento desgastado e problemático, ele apresentou-lhe um cartão para ir ao médico que faria o aborto já acertado, e ela que preparasse alguma mentira para justificar o repouso necessário. Como tudo foi horrível!

Na ocasião, sua confidente era somente a irmãzinha Helena, que contava onze anos e que na sua ingenuidade simplesmente ouvia mais do que falava, gostando de conhecer as frases adocicadas dos namorados.

Naquela manhã, Maria Dolores levantou-se cedo, tomou banho e, temendo as complicações do aborto, abraçou longamente a irmã querida e confiou-lhe seu segredo: estava de saída para o aborteiro que, segundo o namorado, tinha muita experiência e era procurado por moças solteiras e mulheres casadas. E Helena, ainda uma menina, arregalou os olhos, levou a mão à boca e soltou um abafado:

— Ai!

E Maria Dolores saiu "corajosamente" para resolver o caso proposto pelo namorado com seu pleno consentimento, como se não houvesse outra escolha. Maria Dolores e Norberto falharam na prova.

"Como hoje poderia ser tudo diferente!", Maria Dolores suspirou, enchendo os olhos de lágrimas, decepcionada consigo mesma por ter escolhido o caminho mais difícil, triste, sem volta, que enche o coração de remorso. Agora ela ansiava pelo nascimento da criança que Helena esperava, que chegaria a seus braços também, e seria uma tia amorosa, como uma mãe, para compensar o amor que um dia recusou-se a dar.

Naquele tempo havia ainda o puritanismo, um costume em que a moça era valorizada para o casamento somente se fosse virgem, ou seja, sem ter tido experiência sexual. A queda do puritanismo teve início com o movimento hippie nos Estados Unidos, nos anos 1960, cujos adeptos, proclamando "paz e amor", eram contrários à guerra ao Vietnã. Pregavam o amor ao próximo, a não agressão preconizada por Gandhi, no oriente.

A influência do movimento hippie chegando ao Brasil acentuadamente nos anos 1970 trouxe a moda de roupas de cores vibrantes e cabelos longos para ambos os sexos.

Para derrubar crenças retrógradas, no começo ingenuamente, alguns adeptos usavam anfetaminas, denominadas popularmente de "bolinhas", para embalar o Espírito a uma suposta abertura mental-espiritual. Naquela época não havia conscientização da sociedade e das autoridades sobre o grande perigo do uso e da disseminação das drogas. Desviando do elevado foco, o movimento hippie caiu instintivamente no "amor livre", relacionamento sexual sem parceiro exclusivo e no oportunismo de viciados irresponsáveis, que colocaram em xeque a importância da família; foi quando muitos lares desmoronaram.

Embora a questão da virgindade fosse deixando de ser prioridade entre casais, havia uma visão de promiscuidade se uma moça enfrentasse a maternidade sozinha, sem o respaldo do companheiro, e quase toda mãe solteira era vista como uma hippie, mesmo sem nunca ter participado do tal movimento.

Helena, aproximando-se da loja, avistou junto à porta o Brás, um balconista da terceira idade, homem vivido que trabalhava ali para complementar sua aposentadoria. Era querido, respeitado pelos mais jovens e admirado pela experiência na venda de tecidos.

Num daqueles instantes de movimento fraco, quando o Brás se recostava no balcão conjugado do caixa e dos pacotes, descansando numa perna o corpo volumoso, com semblante bonachão, mas despachado, certa feita dissera à Helena:

— Senhorita Helena, seu pai não contrata moças justamente para evitar namoro entre os empregados porque, em caso de rompimento do casal, ele sempre perde um dos funcionários. Além disso, evita a maledicência, poupando D. Nininha de aborrecimentos. Digo a você como a uma filha: não devia permitir-se envolvimento com um empregado.

— Que é isso, Sr. Brás! - frouxamente lhe respondera sem ter mais o que dizer. Devia ter ouvido seu conselho, mas agora já era tarde.

Helena desceu do táxi vestida num conjunto de seda multicolorido ou psicodélico, como era batizado pela alegria das cores, última moda, parecendo que todas jovens queriam usar. A forte influência do traje como moda nas ruas teve pequena duração, mas veio mudar as antigas roupas de dormir, trazendo leveza, conforto e beleza.

O sol dourado vivificava tudo. Enquanto o Brás saudava cordialmente a sua chegada, Cabral, ciente pelos funcionários da aproximação de Helena, veio à porta da loja com aquela conhecida testa franzida quando se tratava de assunto sério. Aproximando--se lentamente, passou o braço pelos ombros da filha, reconduziu-a a sair da loja e na calçada logo acena para um táxi:

— Quê? Papai!

— Sim, minha filha, volte já para casa, depois conversaremos.

— Mas eu estou bem e gostaria de...

— Depois conversaremos, em casa. Vá.

Abriu-lhe a porta do carro. Ela, obediente, escorregou para o assento; ele a olhou enternecido e triste, depois fechou a porta sem mais uma palavra.

Helena estourou um choro inédito nunca antes sentido, que mal pôde pronunciar o endereço de destino ao motorista.

Entrou em casa chorando alto, esbaforida, visivelmente descontrolada a ponto de assustar os de casa, que se aproximaram para saber do ocorrido. A mãe deu-lhe água com açúcar para acalmar os nervos, a irmã acudia dizendo que não saísse até o parto para não mais ter transtornos assim, pois poderia fazer mal para a criança. A velha Carolina, que uma vez por semana fazia faxina na casa, começou a contar histórias de moças com o mesmo sofrimento que o dela, falando de gente que ninguém ali conhecia e, com isso, mais aborrecia do que ajudava.

Luís morava na capital, dividindo quitinete com um colega de infância. Trabalhavam no mesmo escritório de contabilidade, onde aprendeu a escrever à máquina e a fazer os cálculos necessários; após cumprir contrato de experiência, foi registrado.

Ele e o colega, no serviço ou fora dele, eram perfeitos "gabirus", como se dizia, "tirando linha" (flertando) com moças, por todos os lados. Conheceu meninas-moças recatadas, outras despudoradas, ricas e pobres. Para algumas ele soltava uma mentira quase verdade só para observar a reação, dizendo ter um filho numa cidade do interior, sobre o qual pouco lhes interessava saber. O certo era que ele sentia reação imediata de rejeição, como se estivesse escrito em sua testa ser frio, materialista, indiferente, descomprometido.

Luís começou a autoanalisar-se. Nunca pensou ser taxado assim; foi criado com amor pelos pais, amava os irmãos, queria se casar um dia e futuramente ter filhos como sonham outros rapazes. Gostava de criança, amava a sobrinha Florinda, de quatro anos, filha de seu irmão mais velho. O pai de Luís, Sr. João, era atendente no funcionalismo público e a mãe, D. Rosa, cuidava da casa com sete filhos. Luís era o segundo filho, o primeiro já havia casado, e naturalmente esperavam que ele fizesse o próximo casamento naquela família.

Quando Luís conheceu Helena, era um moço casto, introvertido, curioso e que ansiava pela primeira aventura amorosa. Naquele tempo todo relacionamento sexual corria risco de gravidez, pois não havia fácil acesso à informação. A pílula anticoncepcional que surgiu nos Estados Unidos, em 1960, ainda mal era conhecida no Brasil, mas ele achava que não seria infeliz na primeira vez.

Luís não era capaz de relacionar-se com uma "mulher da vida", expressão usada naquele tempo para moças que faziam comércio no uso do próprio corpo, sexo sem amor. Helena foi seu primeiro encanto: sorriso lindo, olhar convidativo, cheiro muito agradável. Tinha o pudor de moça de família, mas ele insistiu em receber dela "uma prova de amor", proposta que costumeiramente os moços faziam às suas namoradas, e que com o tempo foi sendo banalizada. Ela cedeu, ele não lhe era indiferente, sentiam-se bem juntos.

Se Luís outra vez pudesse ter de Helena seu olhar cheio de ternura e alegria, certamente ficaria ao lado dela para sempre. No entanto ele estragou tudo. O susto que levou pelo azar que teve fez com que dissesse o que não queria, ou melhor, era verdade que queria aproveitar mais a vida, só não sabia ao certo o que seria aproveitar. Não pensou em casar-se sem recursos materiais, o que pareceu não amá-la tanto, embora não fosse bem isso que quisesse dizer, mas já dissera.

Na capital, a vida, ao menos para ele, parecia muito fria, as pessoas apressadas, os conhecidos mal se cumprimentavam na rua, sentia-se anônimo no mundo. Quando caminhava na Rua Direita, levantava o olhar em busca do azul do céu, pássaros, arvoredos e não encontrava. Ele topava com um pedaço do céu permanentemente cinzento, mal avistado entre edifícios altos e luminárias repetitivas, sufocado em meio ao vozerio com uns gritos ali e acolá de propagandistas ambulantes na rua. Voltando do trabalho, na fila superlotada do ônibus ele se questionava: o que estou fazendo aqui?

Luís gastava as economias viajando para o interior, visitando a família, principalmente sua mãe, mais preocupada e chorosa. Esmerava-se em vestir-se "pra frente" (na moda) para apresentar-se bem e de acordo com a vida na capital, porém no fundo estava infeliz e tinha para desabafar somente seu companheiro de quarto. Trajava-se sempre sobriamente, o cabelo num corte "americano" que fazia lembrar os jovens que iam para a guerra, e que voltavam, em muitos casos, mutilados, em defesa da pátria amada.

Cabral era um homem sério, trabalhador, orgulhoso de ter uma família honrada. Com muito esforço até ali vinha sendo sensato acima de tudo. Naquele tempo estava entristecido porque um funcionário e sua filha chegaram até onde chegaram pelas suas costas. Tinha no Brás, além de funcionário, um amigo. Procurou saber dele alguma coisa, se havia percebido o interesse dos dois, mas ele não soube afirmar se não passava de um flerte inconsequente. Cabral então lhe confessou, sigilosamente, que sua menina estava grávida do Luís e não sabia como agir nesse imprevisto.

O Sr. Brás, conservador, achou que seu chefe devia procurar o rapaz e realizar o casamento. Citou outros casos em que isso era feito, para não manchar a honra da família. Cabral hesitou, achou isso até mesmo "quadrado" (retrógrado) demais, pois um casamento imposto poderia apagar totalmente a chama do sentimento que um dia os uniu. Não haveria, decerto, alguém que soubesse ter um filho no mundo e não quisesse oportunamente vê-lo. Esperaria essa ocasião com paciência e esperança, porque o rapaz parecia ser boa pessoa; se fosse outro, seria mais ávido pela conveniência material, pois sabia que Luís era um rapaz muito pobre.

Naquela noite, Cabral quis saber se a filha passava bem e D. Nininha acorreu para dizer que ele havia sido um tanto ríspido com Helena naquela manhã. Ele retrucou que estava fazendo tudo para o bem de sua filha. Antes mesmo de jantar, foi até o quarto dela, que sentada na cama com os olhos inchados, folheava a Manchete.

— Como está, filha?

— Triste, papai, eu queria trabalhar um pouco!

— Filha, já basta a surpresa que você nos trouxe. Não quero comentários entre os empregados; você deve ficar em casa, sua barriga logo estará aparecendo.

— Não tenho vergonha de minha barriga, não tenho vergonha de ser mãe! – soltou num gritinho.

— Sim, sim – ele disse pensativo, sentado numa cadeira à sua frente. Ela aguardava, mas ele nada mais dizia.

Cabral pensava: "Como Heleninha cresceu! Brevemente será mãe. Ela precisa de muito carinho para compensar a falta de um companheiro". Quis saber um pouco mais:

— Minha filha, Luís sabe de sua gravidez?

— Sabe, mas ele não me ama.

— Por quê?

— Não sei. Nós nos amávamos, papai! E a gravidez parece que acabou com o nosso amor!?

— O que ele diz?

— Que não está preparado para casar, que pensava aproveitar mais a vida, mas assumiria a paternidade.

— Se ele queria assumir a paternidade, estaria ao seu lado e não iria trabalhar na capital.

— Ele foi porque ficou sem emprego, e principalmente porque eu não queria mais vê-lo.

— Como não queria mais vê-lo, se ele é o pai da criança? Ele disse que não a ama?

— Ele diz que me ama! Eu esperava que ele quisesse se casar comigo, papai! – e pôs-se a chorar.

Depois de um silêncio piedoso, o pai afirmou:

— Não é porque não quer casar que ele não a ama.

— Ele ficou desempregado por minha causa, eu estava infeliz, me senti rejeitada. Diz que me ama e não quer casar comigo! Isso é amor?

— Você pensou que as condições financeiras do Luís não dariam sequer para pensar em casamento?

— Papai, você não ajudaria no nosso casamento?

— Sim, claro. Todavia o rapaz tem seu orgulho, gostaria de casar-se com recursos próprios e não depender totalmente da família da noiva.

— Não pensei nisso. Fui estúpida, papai, ele queria conversar, mas eu estava com tanta raiva...

— Já que você não queria vê-lo, o que ele ficaria fazendo aqui? Só o fato de aventurar-se num emprego na capital demonstra que ele quer vencer na vida, ser um homem honesto e capaz!

— Ele disse que queria aproveitar mais a vida...

— Queria aproveitar a vida com você, mas você não permitiu.

— Ah, papai, eu não entendi desse modo.

— O casamento seria depois, minha filha, com mais segurança, responsabilidade.

— Eu também fiquei chocada com a gravidez, papai. Para mim o casamento seria a solução. Diante do imprevisto, as palavras dele me feriram, entende?

— E você feriu muito esse rapaz! É preciso aprender a dialogar com tato, respeitando o sentimento do outro, compreendendo sua reação emocional. Às vezes, a pessoa não sabe expressar o que está sentindo, é preciso dar um tempo para refletir sobre o assunto. Após boa reflexão, ambos decidem juntos o melhor a fazer.

— Eu rasguei nosso relacionamento, fui impulsiva e por isso infeliz, meu Deus! – novamente caiu no choro também impulsivo, enquanto Cabral silenciava reflexivo.

Naquele silêncio que se prolongava, ela sentiu que o pai querido estava mais descontente do que supunha e resolveu não trazer-lhe mais aborrecimentos. Depois de alguns minutos, ela quebrou o silêncio decididamente:

— Papai, não fique triste. Compreendo que não devo mais sair de casa.

Aliviado, ele ergueu-se, respirou profundamente, passou a mão brincalhona sobre a cabeça da filha e fez menção de sair silenciosamente, mas à porta voltou-se e disse:

— Está na hora de você pegar o quarto de hóspedes, para você e meu neto, mas antes vou pintar as paredes no fim de semana.

Helena abriu um sorriso esplêndido e ele, iluminado com sua graça, também sorriu enternecido e foi jantar.

Capítulo Dois

De volta ao passado

No século anterior, as personagens que conhecemos envergavam outros corpos carnais numa existência passada e tinham relacionamentos diferenciados.

Poderemos observar como é feito o trabalho evolutivo das almas, que a cada experiência terrena ficam marcadas indelevelmente para que se justifiquem certas atitudes que tomam diante de situações futuras inesperadas.

Facilitando a assimilação da leitura, conservarei os mesmos nomes dos protagonistas dessa trajetória terrena que lhes relato, para entender os diferentes papéis que a vida nos dá a interpretar.

A senhora Maria Dolores saiu para ir à feira livre, próximo ao largo da matriz, um dos pontos centrais de uma vila de Minas Gerais. Ia comprar queijos e doces que preferia escolher pessoalmente e não deixar para a negra Benedita; quem de fato fazia as compras.

Alguns forasteiros, de vez em quando, entravam em bando na vila, geralmente à tardinha, e lhes comprazia uma bebedeira e pernoite, depois partiam, sem ninguém saber ao certo o que faziam na vida.

Naquela manhã, quando o sol estava quase a pino, entrou na cidade um forasteiro sozinho, em cima de um cavalo branco carregado de trouxas. O homem estava coberto de poeira, cabelos sujos, barba bem crescida, um tipo europeu loiro de olhos claros como anil. Ele parou ao lado da feira quando alguns feirantes e fregueses detiveram-se para vê--lo passar.

Maria Dolores observou que, apesar da má aparência, ele era um homem bonito, um semblante um tanto triste, e sentiu vontade de ir a seu encontro para prestar informações, indicar a pousada da D. Irene como melhor lugar para hospedar-se, pois, além de ter cômodos asseados e comida boa, era ambiente muito familiar. Ficou somente na vontade. Não o fez porque, como mulher, devia ser mais recatada; alguns homens prestariam informações, é claro, não seria ela quem deveria se aproximar daquele estranho.

Ela teve atrevimento mais mental do que físico, pois, sabendo-se oculta no amontoado de gente, pôde observá-lo sem ser descoberta, quase despi-lo com os olhos, e suas energias vibrando no ar tocavam a alma do forasteiro. Ele não a viu, mas já estava marcado com o interesse de Maria Dolores.

O que ela não sabia era que, ao fixarmos o olhar na alma de uma pessoa, por curiosidade, admiração ou implicância, emitimos energias que, se recepcionadas pelo outro, o objeto da fixação, forma-se um elo entre as almas, que se comprazem ou se debatem por rompê-lo, sem saberem-se responsáveis pela sintonia recíproca. É o poder do pensamento e da vontade.

Ele foi parar justamente na pousada de D. Irene, sua amiga, e Maria Dolores sorriu ao saber disso pela própria senhora, que à noite passou em sua casa para contar as novidades. Ele se chamava Pedro, moço solteiro, filho único que viajava a negócios do pai, fazendeiro viúvo. E naquelas tranqueiras que ele carregava havia material para pintura; ele ficava tanto tempo pintando em uma tábua que até se esquecia da hora de comer.

Maria Dolores era uma morena muito bonita, com família harmoniosa, tinha dois filhos e amava o marido, Simeão, homem mais velho, de moral ilibada. Não achou nada demais combinar para o dia seguinte uma visita à amiga e na pousada tentar ver o que o hóspede pintava. Riram juntas da estripulia que faria só para conhecer o artista. Era um tanto infantil tudo aquilo, mas também um lazer numa vila onde quase nada acontecia.

Ao chegar à pousada, no dia seguinte, avistou logo o hóspede que no quarto pintava ignorando quem passava pela janela. Ele fazia um borrão vermelho que, conforme suas pinceladas dando luz e sombra, ao colocar o cabinho da fruta, evidenciou ser uma maçã. Maria Dolores, silenciosa, estava encantada; quando ele colocou mais luz num lado da maçã, esta pareceu quase saltar da tábua como verdadeira.

Pedro estudava por observação como representar os elementos por meio das tintas; era seu passatempo, seu prazer, reconhecendo que tinha muito a aprender, desejando um dia obter lições de um verdadeiro artista.

Para Maria Dolores ele já era artista, e essa adoração nutria todo um processo de energias vibratórias. Depois de instalado na pousada, banho quente e barba aparada, do alimento e descanso merecido, ele apresentava-se um jovem bonito, educado e de boa conversa.

Pedro, ao vê-la, após breve apresentação de D. Irene, não conseguia mais tirar os olhos dela, e animado com elogios, se dispôs a ensiná-la a pintar. Maria Dolores não pôde aceitar, mas isso bastou para dar graça e ligação entre os dois; ele passou a considerá-la o amor de sua vida. Durante quase toda aquela existência, seus pensamentos foram povoados por aquele amor impossível.

Aquele homem subitamente invadiu o coração de Maria Dolores, pareceu ele invadir sua casa, sua família. Passaram a nutrir uma saudade arrebatadora, um desejo sempre insatisfeito de estarem colados corpo a corpo para sempre.

Ele viajava cumprindo as ordens do pai, um fazendeiro quase falido. Quando chegava à vila onde Maria Dolores morava, permanecia alguns dias no intento de vê-la e adorá-la.

Pedro era um bom filho, perdera a mãe na adolescência. Cabral, seu pai, já não era mais administrador seguro de seus bens: sua companheira Angélica, sensata e generosa, fazia muita falta. Pedro estava sempre ao lado do pai para ajudá-lo, mas este não lhe cedia autonomia nos negócios e, embora caducasse de vez em quando, quis dirigi-los até o fim da vida.

Certa feita, Cabral, fracassado, cometeu um desatino que Pedro e a tia Nininha, irmã de Cabral, não aprovaram, mas eram impotentes para interferir: dispensou empregados imigrantes italianos da fazenda, sabendo que não tinham para onde ir. Esse débito espiritual de Cabral, caro leitor, viria a ser ressarcido no futuro, com oferta de emprego para homens manterem suas famílias.

Muito amiga de Pedro, tia Nininha era uma solteirona invicta que amava o irmão e se esforçava para substituir Angélica, porém ninguém conseguia ocupar o lugar da mãe no coração do sobrinho.

Foi uma paixão avassaladora, Maria Dolores sentia uma atração irresistível por aquele homem, Pedro, cujo convite ela não pudera resistir, tiveram alguns encontros amorosos secretos.

Maria Dolores, vendo-se em apuros com a gravidez extraconjugal, recorreu a uma parteira da região que parecia resolver também casos de gravidez indesejada.

D. Rosa, a parteira, além de provocar abortos, tinha um método preventivo de evitar gravidez, a saber, queimando o útero sucessivas vezes, até que a mulher não mais fosse apta a engravidar. Ela assim trabalhava, acreditando piamente que ajudava mulheres de acordo com suas necessidades, sem cogitar do débito espiritual que amealhava com esses procedimentos.

Maria Dolores expôs seu caso, pedindo sigilo e D. Rosa era de um sigilo absoluto. Ao fim do exposto, a parteira experiente, mas sensibilizada pelo Espírito protetor da jovem senhora, sugeriu-lhe ter a criança, pois o respaldo do casamento encobriria qualquer vergonha e ela poderia ter nos braços o fruto daquele amor proibido.

Maria Dolores então recorreu às preces, rogando socorro naquela hora difícil, prometendo a Deus nunca mais encontrar-se com o amante. Cheia de remorso, teve o bebê que Pedro nunca soubera existir, porque foi considerado como mais uma filha do casal Maria Dolores e Simeão, e veio a chamar-se Helena.

Naquele tempo não havia confirmação de paternidade pela análise laboratorial, então o homem ficava à mercê da afirmação da mulher sobre essa questão; além do mais, Simeão confiava na esposa querida. O esposo veio a amar e proteger Helena, contudo sem compreender sua pele alva como leite, diferente dos irmãos.

Pedro, com a morte do pai, instalara-se definitivamente na fazenda, triste e solitário por não ter tido oportunidade de vivenciar para sempre o único amor de sua vida, Maria Dolores. Exercitou a capacidade de administração vendendo parte da fazenda e reerguendo o patrimônio auxiliado pelos empregados, agora tratados com justiça e humanismo. E persistia em pintar nas horas livres.

Caro leitor, em nossa vida não há segredos que não sejam revelados um a um, neste ou no outro lado da vida, no momento certo. Por isso, a natureza nos exige a transparência. É na Espiritualidade que encontramos a verdade de cada um. Na pluralidade das existências corpóreas é que exercitamos passar do mal para o bem, e isso não se consegue sem esforço.

O homem, despido da veste carnal após a morte, se reconhece como Espírito imortal e, fazendo retrospectiva do que viveu, quase sempre nutre o sentimento de não ter realizado na vida terrena tudo que Deus esperava para o seu crescimento espiritual. Descobre que a vivência terrena é aprendizado maior ou menor, conforme a atuação moral de cada um.

O corpo carnal um dia morre. O Espírito vívido e imortal depois volta a se candidatar a mais uma experiência corpórea, em vida terrena. Ele logo teme reincidir em mesmos erros passados; não cumprir as tarefas definidas espiritualmente, teme ficar absorto na vida mundana, esquecido de sua origem espiritual.

Quando mergulhado na carne, envolto pelo desejo maior de coisas materiais, de visão tolhida, o Espírito encarnado tem dificuldade de perceber sua essência divina, traz o pensamento em desalinho, palavras infelizes e gestos impulsivos.

Em geral, o Espírito faz um projeto reencarnatório (há casos de reencarnação compulsória para Espíritos transgressores das leis divinas), estuda propostas com auxílio de uma equipe espiritual competente para orientação. Todo projeto visa à evolução, ou seja, ao desenvolvimento do ser na capacidade de amar a Deus, a si e ao próximo, e ser feliz segundo seus méritos.

Essas personagens conhecidas de uma vida passada foram orientadas a aceitar o desafio de nova existência, com determinações divinas em alguns pontos e em outros a posse do livre-arbítrio, isto é, liberdade de escolhas capazes de fazer mudanças para melhor ou para pior, numa visão imediatista.

Outro recurso valioso para a nova existência, a lei do esquecimento temporário de vidas passadas proporcionando descanso dos sofrimentos vividos, apagando, porém, somente fatos e não sentimentos a serem avivados pela intuição.

Pedro era impetuoso, queria reencarnar logo, queria o amor de Maria Dolores, pois na Espiritualidade ficaram também separados. Ele foi aconselhado a aguardar pacientemente, para que fosse preparada a família, a mãe que iria recebê-lo. O auxílio espiritual posiciona o Espírito na superfície terrena, obedecendo à lei de afinidades espirituais, promovendo encontros e reencontros que objetivam aprendizado e serviço. Já nos detalhes da vida, cada um faz o seu destino.

Em seu grau espiritual Pedro, no momento, não conseguiria ver que a paixão nutrida por Maria Dolores era sensualista, instintiva, pobre diante do amor purificado, fraterno, imorredouro que somos capazes de conquistar. Somente lhe foi exposto que haveria na Terra seu reencontro com ela, cabendo a eles o reconhecimento espiritual. Pedro encheu o coração de esperanças, fazia planos para realizações futuras, se prepararia para o reencarne nos anos 1960.

Cabral e Nininha aceitaram bem reencarnar em famílias diferentes para aprendizado, assim como para uma reaproximação com velhos amigos espirituais encontrados no parentesco familiar, outrora temporariamente esquecidos. O tempo de uma existência terrena é quase nada diante da eternidade, o reencontro é inevitável porque, por simpatia, estreitam o laço afetivo outra vez.

Na juventude, Cabral e Nininha, irmãos em existência anterior, espiritualmente se reconheceriam e poderiam se casar, pois o laço do amor eterno não se desfaz com as reencarnações.

A união dos jovens Cabral e Nininha, por afinidade espiritual, os auxiliaria a zelar um pelo outro. Desta feita, ela evoluiria para um casamento com pequena prole e por acréscimo desenvolveria certa aptidão para o trabalho manual. Cabral desenvolveria a sensatez, o amor ao próximo, o desprendimento material sem a companhia de D. Angélica, sua esposa em existência anterior, porque sendo ela um Espírito mais elevado, não reencarnaria já e permaneceria inspirando e beneficiando a união daqueles que ela sabia amarem-se também: um amor de mesmo grau evolutivo com mútuo companheirismo.

Cabral e Nininha aceitariam em seu lar, como filhas, duas almas; aquelas que não puderam no passado legitimamente ser a nora e neta de Cabral, quer dizer, Maria Dolores e Helena. Nininha rejubilou-se com a ideia de receber duas filhas que formariam vínculos espirituais totalmente novos para exercitar sua capacidade de amor materno.

Primeiro, reencarnaria Maria Dolores para, no futuro, viabilizar a chegada de seu filho, o reencarnante Pedro. Assim, Cabral teria em seu neto a oportunidade de novamente estreitar os laços afetivos com o filho de existência passada. E Nininha voltaria a abraçar o querido sobrinho, como neto.

Simeão também reencarnaria com seu quinhão de provas e expiações difíceis, porém não impossível de sair vitorioso. Só o tempo, esse talismã divino, pode favorecer os ajustes necessários.

Maria Dolores compreendeu que a atração física é fortemente instintiva, o laço entre ela e Pedro precisava ser purificado, nada melhor do que tê-lo nos braços como filho. Ela não seria contemplada pelo casamento, por tê-lo conspurcado outrora, traindo a confiança de seu protetor e marido. Simeão, perdoando-a, poderia até vir a ser seu amigo e companheiro, caso ela o aceitasse naturalmente, o que desvaneceria a ideia remota de casamento arranjado, como se fazia antigamente.

Rosa, a conhecida parteira, e também "abortetra", mutiladora de almas, depois de passar muito tempo no Umbral, plano espiritual compatível com Espíritos endividados, foi conscientizada. Suas vítimas a atormentavam querendo fazer justiça com as próprias mãos para se vingarem da morte cruel, perfurados, esquartejados, sem o abrigo que podiam ter no ventre materno. Muitas mães choravam ao lado dela, reconhecendo o erro praticado. Quando Rosa foi recolhida a uma colônia espiritual, iniciou a conscientização de seus equívocos e almejou o perdão das vítimas de seu desatino para não mais reincidir em tal erro.

Rosa reencarnou sem participação no projeto reencarnatório, foi um reencarne compulsório em que a equipe espiritual viabilizaria para seu lar terreno como filhos Espíritos que tinham dificuldade de perdoá-la. João, que a amava, de boa vontade se ofereceu para, a seu lado, carregar a cruz redentora, abrindo os braços em proteção e amor às vítimas que se tornaram algozes de Rosa, incentivando-a a amá-los e servi-los durante toda a expiação.

Pedro, na espiritualidade, teve de esperar para reencarnar, enquanto foi aprendendo sobre as leis divinas; aprimorou sua sensibilidade na contemplação da natureza, aprendeu a pintar melhor sob orientação de artistas que na Terra deixaram telas famosas, porém pálida ideia do que são capazes de pintar quando fora da densidade terrena.

Pedro ficou ciente da localidade onde seria sua próxima existência terrena, estudou o contexto sociocultural para adaptar-se futuramente, sem saber ainda quem o aceitaria como mãe. Sorria sozinho imaginando como seria um dia reencontrar Maria Dolores.

Quando, após alguns anos, Pedro se entretinha em seus afazeres numa colônia espiritual, eis que recebe o comunicado de sua concepção terrena. Em via de fazer a "viagem" despede-se dos amigos, dispondo-se aos preparativos e repouso necessário.

Aconchegado ao ventre de Maria Dolores e espiritualmente nos dois lados da vida, Pedro usufruía uma paz e alegria indescritíveis, uma sonolência intocável, tranquila, confortável. Começava a agradecer e a amar essa criatura que maternalmente o guardava e protegia até quando houvesse inteira formação do corpinho onde iria habitar, servindo-lhe de instrumento de expressão.

Certo dia, Pedro sentiu dores lancinantes, pontadas que o afligiam e horrorizavam. Aquele templo sagrado de sua morada era cruelmente invadido, o sangue jorrava e suas esperanças também. Como foi horrível!

Recolhido na enfermaria da colônia espiritual sob a tristeza também de seus amigos, que lastimavam a concepção abortada. Foi então que soubera ter sido rejeitado por Maria Dolores. Sua dor moral foi tão intensa, mais do que os sofrimentos físicos que vivenciou, porque ela não o reconhecia, não o amava como ele esperava. Sofria e, neste sofrimento, ele recebeu visitas de entes queridos, encarnados e desencarnados, trazendo vibrações amorosas para fortificá-lo.

Então ele recebeu também a visita de Helena, a menina de onze anos que ficou espantada com a notícia do aborto da irmã.

Foi assim, naquela noite medonha em que Maria Dolores, após o aborto, em estado febril, em vão procurando descansar, nervosa e angustiada no silêncio da noite, buscou a mão de Helena para se sustentar no amor da irmãzinha querida.

Helena fechou os olhos e em prece, voz baixa, rogou a Maria Santíssima um socorro para Maria Dolores. Ao mesmo tempo, de coração, colocou-se no lugar da criança abortada. Em sua sensibilidade, parecia mesmo sentir o sofrimento daquela criaturinha, rogando que também a ela não faltasse socorro, o que fez Maria Dolores deixar cair grossas lágrimas diante daquela compaixão.

Helena caiu logo em sono profundo, em Espírito deslizou fora da matéria com tranquilidade e, sem se preocupar com o corpo que restava no leito, em desdobramento espiritual, sorriu para dois Espíritos que lhe aguardavam. Deu a mão a um deles e saiu a passos leves e lentos para uma visita.

Ao chegar para a visita ao doente, ambos não se reconheceram espiritualmente. Olharam-se com surpresa, enquanto Helena observava um ser adulto com escoriações.

— Você que estava para nascer? – Helena muito lúcida foi logo perguntando.

— Infelizmente, minha pequena, não foi desta vez – ele respondeu, tristonho.

— Ela não se sujeitaria a ser mãe solteira – Helena afirmou, convicta; conhecia bem a irmã.

— Seríamos um casal que se ama, se eu tivesse reencarnado antes. Agora não sei o que será de minha vida! – Pedro resmungou, contrariado.

— Você a perdoa? – Helena o inquiriu olhando em seus olhos, preocupada.

— Quem ama, perdoa! – ele murmurou em lágrimas, convicto. E naquela "força-tarefa" para perdoar, Pedro sublimava aquele amor por Maria Dolores, vivendo um sentimento nunca antes cogitado.

Helena o percebeu merecedor de uma oportunidade; não sabia como, sentia um carinho por aquela pessoa estranha, parecia que o conhecia de há muito tempo. Em breve seria espiritualmente revelado para Helena que aquele homem constou em seu projeto reencarnatório de outrora como pai biológico, recurso espiritual para ela estar ao lado de Maria Dolores e Simeão como pais amorosos.

Quando Helena voltou para seu corpo, ao acordar, de nada se lembrou.

Ao término da visita de Helena, chegou o momento de Pedro ser esclarecido sobre a gravidez extraconjugal que no passado foi motivo de separação definitiva entre ele e Maria Dolores. Resguardada pelo casamento digno diante da sociedade, ela decidiu ter a criança como filha legítima com seu marido, o que ele nunca soubera.

— Meu Deus, fui pai! – Pedro exclamou, surpreso. — E onde está essa criatura?

— Helena! – o enfermeiro chefe retrucou, sorrindo, acenando com a cabeça, que justamente ela esteve diante dele.

Saiba o leitor que, ao nos desembaraçarmos do corpo pela morte, na espiritualidade não encontramos logo respostas para tudo. Achamos que a qualquer momento nos é dado rever nossas vidas passadas e saber o que encarnados e desencarnados fazem e pensam, porém não é bem assim. Cada um de nós nutre um estado espiritual que viabiliza paulatinamente o esclarecimento. No momento oportuno vão sendo expostas as realidades que temos a capacidade de suportar e compreender. Foi o que aconteceu a Pedro. Ele precisava sentir o aconchego nas entranhas de Maria Dolores, precisava sentir o olhar, as palavras de Helena à sua frente para voltar-se ao passado e saber que sua aventura amorosa fora maior.

Capítulo Três

Nada é por acaso

A espiritualidade benfeitora, ou seja, Espíritos amigos, familiares, afetos desta e de outras vidas, mentores individuais e coletivos visitam os entes queridos, participando das alegrias terrenas, agradecidos a Deus pelas oportunidades de progresso dadas aos Espíritos envolvidos nas experiências de provas e expiações.

Prova, como já vimos em exemplos, são oportunidades de escolha, reações emocionais diante do imprevisto e também chances de testemunho se está ou não havendo progresso espiritual.

Expiação, embora também prova, nada mais é que a presença da justiça divina na vida do ser, que deve passar por processos físicos e/ou morais dolorosos para restituir a si mesmo a própria dignidade. Um acometimento infeliz nunca passa longe da visão soberana de Deus e no momento oportuno o causador há de sofrer o efeito em si para que possa reparar a extensão do mal plantado nos corações alheios e, sobretudo, para não mais incidir no mesmo erro.

No íntimo, aquele que sofre sem se revoltar sente que se trata de uma reparação, que a dor parece torná-lo melhor, aliviado, fortalecido para questões futuras. Assim aconteceu a Pedro, quando se sentiu rejeitado, machucado pelo aborto causado por Maria Dolores; foi o preço da sua renovação. Sem saber que ainda era um Espírito tão endividado, que merecesse sofrer daquela maneira, já queria ficar limpo, quite com a justiça divina, para sair depois alegre em busca da felicidade.

Outras vezes, Helena espiritualmente ia visitá-lo, quando se desvencilhava do corpo durante o sono, ficando ao lado do pai que na vida carnal não conhecera. A conversa era sempre útil a muitas reflexões. Ao despertar, envolta pelo véu do esquecimento, Helena trazia na lembrança pequenos retalhos de bons sonhos e uma ternura que logo volvia para seu pai José Cabral na vida atual, a quem igualmente tanto amava.

Simeão também se juntava a esse colóquio na espiritualidade, tivera muita dificuldade de perdoar Pedro, aquele intruso que conspurcou sua família. Helena estava entre eles para dizer que o amava e que nunca esqueceria o que pai Simeão fez em seu favor. Ela era imensamente agradecida ao lar, ao amparo, à educação e principalmente ao amor que sempre recebeu. Simeão fora um tanto austero, mas isso dependera muito da criação que ele recebera; foi talhado para ser mais autoritário do que amoroso, e Helena sabia ver em suas atitudes o quanto ele era digno de respeito e carinho.

Após revigoramento das energias, Pedro quis saber a causa de seu padecimento, o aborto provocado. Providenciada sua regressão, há tempos vividos na existência terrena, foi quando, primeiramente revendo a existência anterior, pôde acompanhar o desenrolar da vida de sua filha Helena ao regaço de Maria Dolores desde o berço. Tudo se passou como um filme de longuíssima metragem registrado no cosmo onde ele não fazia parte do enredo.

Pedro não teve pressa de chegar ao ponto que lhe respondesse a causa direta de sua breve, mas difícil expiação pelo aborto. Chegou o momento.

Em uma existência remota ele era chamado de Abud, que pastoreava suas próprias ovelhas nas montanhas. Pobre, ansiava por melhorias no mercado. Descia à cidade para frequentar o templo sagrado, que ainda não trazia os ensinamentos de Jesus, e mercadejar suas ovelhas adquiridas para serem sacrificadas no templo. O povo era temente a Deus e às trevas, acreditava acalmar a fúria dos deuses com oferendas de animais sacrificados, cuja ação mórbida enriquecia Abud materialmente. Rico, ele auxiliou a incrementar o processo de matança e obter maior proveito, além das "peças", do sangue, dos ossos, etc.

Sua crença não podia ser mudada em pouco tempo, foi preciso correr séculos para ele compreender ter sido intermediário de muito sofrimento na matança de animais, retardando seu progresso.

Abud precisara primeiro aprender as Leis Divinas que regem o ser, conhecer esse único e absoluto Deus de amor, justo e misericordioso, cuja justiça é branda diante dos acometimentos terríveis que a humanidade é capaz de levar adiante, imbuída de tanta ignorância e desamor.

Depois de rever parte do passado, Pedro constatou sua mudança no correr dos tempos, sendo um admirador da natureza, dos animais. Não era um beato religioso, tinha aversão a rituais e superstições, considerava que Deus o olhava e tudo sabia sobre sua vida, e que bastava viver pautado na instrução máxima de Jesus: Amar a Deus sobre todas as coisas e ao próximo como a si mesmo.

Pedro buscou imediatamente resposta a uma pergunta que lhe picava o raciocínio:

— E se Maria Dolores não o abortasse?

— Sua expiação no aborto não foi prevista, mas diante dos fatos passou a ser oportuna - esclareceu o enfermeiro.

Pedro, refletindo, perguntou:

— Reconheço que meu sofrimento foi brando diante do que fiz no passado remoto. Se não fosse pelo aborto, como seria minha expiação?

— Um dia o homem vai compreender que nasce para ter uma vida ditosa, útil, alavancadora do progresso espiritual, sem doenças e aflições. Entretanto, ainda o mesmo quadro tétrico dos matadouros são humanamente copiados tecnologicamente em requintadas salas de cirurgias, onde o homem é compulsoriamente exposto nu, cortado, sangrando, mutilado à semelhança do que sofrem os animais, para que expurguem seus débitos que poderiam ser evitados, se não fossem o desamor e a crueldade humana insistindo em não colocar um basta em tudo isso.

Pedro entendeu que todos os dias há pessoas pagando seus débitos passados ou até mesmo atuais, contraindo doenças, sofrendo com cirurgias e tratamentos de saúde. Observou então que era preciso aprofundar sua concepção de amor e realmente estender aos animais os mesmos preceitos evangélicos do Cristo. Infelizmente a humanidade mantém o efeito catastrófico, a indústria da morte dos animais a pretexto de alimentação, e a matança por crendices impensadamente religiosas se tornou comparação até discreta.

Leitor amigo, o alimento físico e espiritual é imprescindível, e com liberdade de escolha cada um come o que quiser e ainda vai para Deus como o quiser. Olhai nos olhos de um animal doméstico e perguntai a si mesmo se você tem o endurecimento espiritual de matá-lo para seu prazer culinário. Não. Então por que ingerir o animal morto por outros, sem questionar o que come? Não é porque há o dito popular "o que os olhos não veem, o coração não sente", que o custo espiritual não lhe seja alto.

Não se pode deixar de observar que nosso planeta se atrasa na evolução que lhe é própria com a reencarnação de muitos Espíritos agressivos e impiedosos, porque eles ainda encontram aqui a alimentação de carne mantenedora dessa disposição espiritual. Bastaria a humanidade alimentar-se mais saudavelmente, abstendo-se do sangue dos animais, para que Espíritos "vampiros" não mais aqui encontrassem afinidade e reencarnassem em outra morada celeste mais primitiva, de acordo com o seu grau evolutivo.

Mas ai daquele que move voluntariamente a roda, que puxa de arrastão a sociedade a cometer os mesmos erros: seu débito é maior, porque ele se engessa espiritualmente. O sofrimento de outrem lhe é insignificante, tudo funciona como maquinaria para lucro certo.

Diante do exposto e revivido, porque a regressão a uma vida passada é como um filme em que o protagonista, ao assisti-lo, experimenta novamente as mesmas emoções e sentimentos, Pedro ficou amargurado: além da piedade aos animais, teve também piedade de si mesmo.

No passado distante ele estivera envolto numa cegueira espiritual, não conseguira erguer-se vibratoriamente para haurir sequer a serenidade de uma prece. O medo do desconhecido era um sentimento mórbido que lhe tolhera a capacidade criativa, o raciocínio lógico; o medo aprisiona a coragem que o homem deve constantemente ter para vencer a si mesmo.

Pedro não queria reincidir no mesmo erro noutra oportunidade reencarnatória, fosse pelo lado crença, fosse pelo desamor aos animais. E sabendo que a Terra é um planeta que retarda sua evolução por causas várias, entre elas a da indústria da morte dos animais, Pedro decidiu abster-se dessa famigerada alimentação de carne, que prejudica a saúde do corpo, dificulta a sintonia espiritual para receber inspirações do Alto, contribui para o atraso espiritual da humanidade e relega para segundo plano a riqueza que a natureza disponibiliza com frutos paradisíacos, grãos contendo magnetismo vital, legumes e verduras que doam abundantemente elementos fortificadores e higienizadores do organismo humano.

Pedro foi informado que, estando encarnado, ele não conseguiria sem muito esforço abster-se da alimentação de carne, porque seria arrastado pela força dos hábitos alimentares, dos costumes e principalmente pela crença de que a carne é nutritiva e necessária.

Foi com surpresa que Pedro soube, pelos emissários divinos, que a todos os homens, de um modo ou de outro, chega informação sobre a infeliz alimentação de carne e alternativas alimentares, e com ele não seria diferente: só dependeria de, no momento certo, acatar a ideia transformadora.

O projeto reencarnatório de Helena visava mais tarde ela casar-se com Luís. Eles teriam filhos, dificuldades como todo mundo, evoluiriam nessa existência e poderiam mais tarde afirmar ter sido ela proveitosa, porque sempre é proveitosa; essa é a lei, para uns mais do que para outros. É com o uso do livre-arbítrio que o homem escreve seu destino, cada escolha vai dirigindo e convergindo às afinidades e ideais.

Helena teve relacionamento com Luís um tanto precoce, porque a união do casal estava prevista para mais tarde. Envolvidos pelas modernas ideias de liberdade em que a moça não mais queria casar-se "no escuro", sem ao menos uma experiência sexual com o eleito, ambos tiveram o livre-arbítrio para essa experiência continuada.

Por causa do risco de gravidez a que se expunham, Luís e Helena colocaram também em risco projetos reencarnatórios futuros vinculados ao casal, ou seja, os Espíritos que seriam seus filhos, ainda não preparados, viam-se impelidos ao reencarne também precocemente.

Helena, quase todas as noites desdobrava-se espiritualmente, enquanto o corpo repousava tranquilo no leito, isto possível a toda pessoa que dorme objetivando o Bem.

Em desdobramento ela foi orientada, não só por seu mentor espiritual, mas também por uma equipe especializada, de que havia grande risco de alteração significativa em seu projeto reencarnatório pela viabilidade a que se expunha com o namorado de engravidar-se. Uma futura filha do casal não estava preparada para o reencarne prematuro. Helena, alterando seu próprio projeto reencarnatório, alteraria o de outro Espírito reencarnante.

Primeiro, Helena ficou aturdida sem saber o que fazer, não queria separar-se de Luís, amava-o muito. Despertou inquieta, sem motivo aparente, mas com intensificado amor pelo namorado.

Em outra oportunidade de desdobramento espiritual, Helena teve uma ideia que, se aceita, seria solução também para outro problema. Acompanhando a ansiedade de Pedro um dia reencarnar para ficar ao lado de Maria Dolores, e vendo que sua irmã parecia definitivamente trancar-se a qualquer relacionamento, então Helena, com muito amor, desejou dar a chance que Pedro tanto aguardava.

— Quê? – indagou Pedro, subitamente surpreso.

— Isso mesmo, eu quero ser sua mãe. Você poderá ficar com Maria Dolores. Segundo informações do passado, você já é amado por toda a família, está perfeito! – Helena visualizava o futuro.

— Não funciona assim, Helena. Você tem um projeto de vida, não posso entrar como quem "fura a fila" dos direitos dos outros?!

— Eu e Luís temos somente duas opções: romper para adiar o relacionamento ou prejudicar nosso projeto anteriormente definido. Logo, poderia eu doar meu amor a você, continuar com o Luís e manter os nossos sonhos futuros, não?

— Não sei, não sei! – Pedro repetia com o olhar brilhante de esperança, com o sorriso apertado para não sair antes da confirmação dessa possibilidade.

É assim mesmo, leitor amigo, durante o sono, "em sonho", quando o corpo repousa, o Espírito se dirige para onde estão seus interesses espirituais. No caso de Luís, à época, ele não teria afinidade espiritual para estar presente nas reuniões em que Helena participava fora do corpo, por isso houve todo um trabalho espiritual a fim de trazê-lo para junto de Pedro e Helena.

Foi preciso que Luís sofresse um incômodo físico provocado; no caso, uma dor de cabeça súbita sem evidência da causa, para que ele, naquela aprazada noite, receoso com o acometimento, erguesse o pensamento a Deus, como o fazia sempre que se via em apuros. A prece favoreceu para que Luís fosse conduzido pelos executores divinos a essa reunião, onde ele ouviu a respeito do pretenso reencarne de Pedro, a partir da união entre ele e Helena.

O jovem não titubeou na presença de Pedro entre eles, embora um Espírito desconhecido. Movido pela força do amor que sentia por Helena, ele se dispôs satisfazer-lhe o gosto sem sequer cogitarem sobre casamento, porque para Deus o mais importante entre as criaturas é o amor que as une.

Luís foi levado cuidadosamente de retorno ao corpo e, ao despertar, sentia tão somente o prazer de satisfazer qualquer desejo da querida namorada.

Como vimos, para que o leitor possa discernir a diferença entre expiação e prova, Luís e Helena receberam oportunidade de dar uma prova de amor, ou seja, não é uma dívida, não é uma requisição imposta; o Espírito tem a liberdade de escolha, isto feito primeiramente na espiritualidade para logo depois na matéria exercitar, ou não, a beleza da prova.

Os emissários da vontade divina deferiram o pedido, nada é por acaso.

Quando Helena foi fazer o pré-natal e aguardava na sala de espera a chamada para sua primeira consulta com o ginecologista, teve a grata surpresa de encontrar Marina, amiga do bairro, que estava com a gravidez adiantada e também aguardava sua vez.

Helena e Marina conversaram muito. A amiga tinha em mãos um livro sobre Hatha Yoga, do prof. Hermógenes e disse estar experimentando algumas "posturas" para beneficiar-se no parto, prontificando-se a lhe emprestar o livro.

Aconteceu que o livro ficou rolando em sua cama, mal começava a ler e fazer um ou outro asana (assentamento técnico) vinha o sono e Helena preferia dormir a lutar para ficar acordada. Embora dissesse algumas vezes para si mesma não se tratar de descaso, a leitura de algo novo também se tornava difícil, pois a cada parágrafo deveria refletir e nessa parada ela dormia. Sua mãe afirmava que o sono na gravidez era benéfico para ela e a criança. Logo o livro foi guardado para posterior devolução.

É fácil concluirmos que o ser humano, em meio a um mundo conturbado pela diversidade de homens em diferentes graus evolutivos, sofra limitações e se concentrem em vencer uma etapa de cada vez. A gravidez era algo novo na vida de Helena, ela não pôde ter outro foco de visão.

Capítulo Quatro

Requalificação do livre-arbítrio

Luís veio da capital para visitar os pais, mais por dever do que por prazer. Sua mãe sorria o tempo todo e preparava um dos pratos que ele mais apreciava. Ele não era como o bom brasileiro que gosta do singelo arroz e feijão de todo dia, pois pratos italianos como macarronada, nhoque, lasanha, pizza eram sempre bem-vindos.

Ele sabia que se aproximava a data do nascimento da criança que Helena esperava, não tinha ainda a abertura mental de pronunciar “meu filho” ou “minha filha”, tal a distância que se encontrava de tudo. Não conseguiu ver Helena para falar-lhe, e não ousava procurá-la em casa. Tinha quase certeza de que ela o rejeitaria outra vez, e quem sabe do que mais seria capaz; o espezinharia, o expulsaria de casa. Relutou em falar nisso com alguém, porém não mais conseguiu ficar calado e abriu o coração à sua mãe, quando ela mencionou as notícias da região, entre elas:

— Helena, a filha de seu ex-patrão, o Seu Cabral, entrou no hospital hoje, parece que ela está grávida e já vai ter o bebê.

Ele ergueu-se num salto da cadeira junto à mesa da cozinha, seus olhos se encheram d'água e, como um pedinte que anseia auxílio, disse:

— Mãe, mãezinha, que faço? Preciso de ajuda! Sou o pai desta criança, meu Deus!

— Só agora você me conta isso, meu filho?

— Ela não quer saber de mim. Eu a magoei muito, imbecil que fui.

Relembrou contando à mãe como não soube dar valor a quem o amava e esperava dele uma reação melhor.

D. Rosa abraçou o filho silenciosamente. Ficaram assim abraçados, lá fora o vento açoitava a vegetação. Depois, pensativa, ela tirou o avental, lavou as mãos e puxou o filho como se ele fosse seu pequenino de outrora, dizendo:

— Vamos ao hospital agora.

Ele nada respondeu e a acompanhou confiante em seu expediente determinado, sabia que ela era digna de apreciação, embora nunca tivesse expressado essa admiração. Enquanto caminhava, ele buscou elevar o pensamento a Deus, rogando pudesse ainda a tempo desfazer o mal-entendido entre ele e Helena: nessa hora o que mais queria era estar ao lado dela.

No saguão do hospital eles encontraram D. Nininha e Maria Dolores que, de braços dados, aguardavam mais notícias de Helena, já internada, apresentando contração e dilatação pré-parto. Cumprimentaram-se, D. Nininha foi educada, mas superficial porque não sabia que atitude tomar; melhor seria fazer de conta que Luís não era o pai da criança.

D. Rosa fazia votos para que Helena tivesse bom parto e, embora o horário de visita demorasse, ela e Luís aguardariam. Mal trocaram essas palavras, chegou também o Sr. Cabral que, ao ver o moço, o cumprimentou, apresentou-se à sua mãe e sorridente o abraçou, perguntando:

— Como se sente em saber que será pai, meu filho?

O rapaz, comovido pela acalorada recepção, ficou sem palavras, envergonhado, mas teve sua mãe para lhe fazer a vez:

— Sr. Cabral, os jovens às vezes falam grego e não se entendem. Acho que, neste momento, o importante é o amor que essa criança merece de todos nós. O casalzinho há de se entender, não é mesmo?

— Claro! Claro! – disse Cabral, emocionado, passando um braço também sobre o ombro de D. Rosa, olhando para o chão para disfarçar as lágrimas. D. Nininha comoveu-se e aprovou a atitude do marido, reconhecendo que ela deveria ter tido iniciativa.

Em dado momento, D. Nininha foi chamada, a filha queria vê-la. Aberta uma exceção, a mãe foi admitida por se tratar de parturiente menor de idade, quase uma menina. A mãe, logo após acalmar a filha para suportar as intermitentes contrações, falou-lhe que Luís estava ali no hospital e queria vê-la, mas só seria possível no horário de visita.

Helena nada respondeu. Não estava acostumada a ter dores e as contrações pareciam ser o fim do mundo; no entanto, em seu íntimo, sentiu "nós somos importantes para ele".

A espera até o horário de visitas foi longa e, de tempo em tempo, Luís pedia fervorosamente a Deus o auxílio para que Helena o perdoasse e aceitasse sua presença ao seu lado; que ela e o bebê passassem bem.

Chegou a hora e, mesmo a enfermeira solicitando que os visitantes entrassem de dois em dois, em pouco tempo estavam todos ao lado de Helena. A presença de D. Rosa não foi antecipadamente mencionada; ao vê-la, algo mexeu com Helena. Olhando-a nos olhos, sentiu um misto de gratidão e confiança e, de algum modo retribuindo algo àquela mulher do passado, estendeu a mão para Luís, que a agarrou com o coração acelerado, beijando-a muitas vezes.

Por mais que as lembranças de existências passadas estejam encobertas pelo véu do esquecimento, caro leitor, ninguém de todo esquece quando sua vida é poupada (de um aborto). Pode não ter claro diante dos olhos os fatos passados, mas um sentimento desperta no âmago do ser, difícil de ser descrito, que reconhece e anseia retribuir proporcionalmente: fazer seu filho feliz! Era o que ela podia realizar agora.

D. Rosa olhava-a e sorria amorosamente, não precisava dizer quase nada. Helena era uma moça sensível, inteligente e bondosa, tinha muito amor para dar e assim, como impulsiva, tinha capacidade de perdoar logo, se houvesse o que perdoar.

— Que esta criança seja muito amada pelos seus pais! – disse D. Rosa olhando-a nos olhos, apertando sua outra mão. Ao que Helena consentiu num aceno com a cabeça, mordendo o lábio inferior e quase chorando, sem saber se de emoção ou de dor.

A dor é bendita porque coloca as coisas em seu devido lugar. O que parece importante pode subitamente tornar-se insignificante, e vice-versa.

Ainda no horário de visita, Helena foi levada a uma antecâmara destinada às futuras mães em trabalho avançado de parto.

Helena resignou-se de que ninguém poderia fazer por ela o que a ela mesma competia, mas parecia ajudá-la aquela sensação dos beijos de Luís em sua mão, vivamente presente ainda. Relembrou o escurinho do cinema nas matinês de domingo, quando ela e o namorado sentavam na última fileira de assentos, intencionando trocarem carícias e beijos mais do que ver a fita.

Nesse tempo, a expectativa de nascer uma criança do sexo masculino ou feminino permanecia até à hora do parto, pois na medicina não havia ainda a possibilidade de antecipar essa notícia. O homem não assistia ao parto porque na verdade não estava preparado, poderia "dar trabalho" até mesmo mais do que a parturiente. Somente com a futura viabilidade de filmagens de partos, a televisão foi levando aos lares imagens que tiveram de ser encaradas com naturalidade.

— É um menino! - veio logo a notícia da enfermeira.

— Pedro, ele vai se chamar Pedro! - Maria Dolores repetia: era o nome que ela e Helena já haviam intuitivamente escolhido. Todos concordaram, manifestando alguma impressão que lhes causava o nome: forte como rocha, bonito, fácil de pronunciar, profético.

Quebrado o gelo, D. Nininha e Luís já se entendiam até pelo olhar. Ela o convidou e à sua mãe para comemorarem o nascimento, com um lanche.

Já em casa, Maria Dolores foi mostrar ao rapaz o quarto prontinho para receber o bebê. Ele ficou encantado com as roupinhas e objetos infantis e até participou na escolha da roupa que a criança iria vestir para sair do hospital. Luís estava radiante, excitado diante de tantas surpresas, envolvido em atenção e carinho.

Sentados em roda, em torno de mesa farta, o Sr. Cabral quis saber sobre seu trabalho na capital. Luís, mais à vontade, contou sobre tudo o que fazia, sobre o colega de trabalho, onde morava e sobre a saudade que sentia de onde nasceu, concluindo ser sua ida para São Paulo uma experiência, mas também uma ilusão.

O Sr. Cabral, reconhecendo que havia injustamente demitido Luís de sua loja e constatando que o rapaz não estava contente fora de sua cidade, insinuou que o trabalho contábil feito manualmente em sua loja podia agora ser à máquina, ficando mais claro e apresentável.

Luís colocou-se como exímio datilógrafo à disposição para ser-lhe útil. Cabral contou que o contador atual tinha o hábito de demorar-se com a papelada da loja; se o trabalho fosse feito na loja mesmo, bastaria o contador revisar e assinar.

Luís expôs seu desejo de ser contador de muitas firmas. Teria de fazer um curso, mas gastava muito viajando para visitar a família e, por ora, seu ordenado não dava para custear esse estudo.

Finalmente Cabral chegou ao assunto central:

— Venha trabalhar comigo, não de balconista, mas no escritório. Vamos colocar tudo aquilo em ordem porque você vai me ajudar a tomar coragem para ampliar os serviços. Tenho possibilidade de colocar ali um cortador de tecidos e algumas costureiras para a confecção de uniformes. Nininha está de acordo, não é, querida? Meu receio é justamente toda essa organização burocrática, entende?

— Aprendi alguma coisa também no Departamento de Pessoal e acho que posso ajudar.

— Então você não volta mais para a capital! – arrematou D. Nininha, empolgada.

Luís pensou logo em Helena e murmurou:

— E se Helena não concordar?

— Deixe que da Helena cuido eu – Cabral sossegou o rapaz.

Outro dia, na saída do hospital, Helena passou a sacola do bebê para Luís segurar e, com o bebê nos braços, amparada por sua mãe, entrou no táxi. Em casa, todos tinham olhos só para o bebê. Em dado momento Helena pediu que Luís sentasse para segurá-lo, sem deixar cair no chão. Todos riram e ele, sem jeito, segurou a criança no colo, da melhor maneira possível.

Pouco depois, Helena recebeu orientação da mãe que o bebê já queria mamar e, em seguida, para que tivesse um bom soninho, deveria ser trocado antes de dormir. Maria Dolores já arranjava como seria a troca e, pelo que parecia, tinha vontade de fazê-lo. Helena, percebendo isso, falou para a mãe e a irmã:

— Tenho medo de machucar meu filhinho. Não sei ainda trocá-lo, é preciso muito cuidado com o umbigo.

— Helena, você não deve trocá-lo, porque suas unhas estão compridas. Deixe comigo, que não vou machucar o Pedrinho – Maria Dolores, zelosa, explicava.

— Depois de mamar, ele deve ficar de pé no colo para arrotar e só então pode deitar para a troca da fralda – complementou D. Nininha, olhando para Maria Dolores.

Luís não conseguiu acompanhar a conversa que prosseguia porque, com o filho nos braços, pensava: “Como Helena cresceu diante de meus olhos! Ser mãe é algo divino; como sou feliz em vê-la assim corajosamente vencer todos os preconceitos e querer ter o filho, custe o que custar. Podia ter abortado, como fazem outras moças, entretanto ela é uma alma superior, sabe amar, sabe lutar pelo que quer e sabe também o que não quer. Se ela abortasse, eu me sentiria o último dos homens; que risco corri, que risco fiz ela correr, meu Deus!"

— Ei, em que está pensando? – Helena voltou-se para ele com uma toalhinha na mão, aproximando-se para retomar a criança ao seu colo.

Ele, fitando-a nos olhos com toda sinceridade, chegou ao seu ouvido e exclamou baixinho:

— Estou pensando que te amo, agora mais do que nunca!

Ela sorriu, aquele sorriso que o encantava, e sem dizer nada pegou o filhinho querido para lhe dar de mamar.

Helena e Luís conseguiram vencer a prova, porque o anterior mau uso do livre-arbítrio de ambos foi requalificado em tempo hábil!

Embora D. Nininha tivesse amamentado suas filhas no peito, como antigamente, Helena optou em dar ao filho mamadeira.

Então lembramos que o movimento feminista sobressaiu popularmente nos Estados Unidos, na década de 1960, cuja influência chegou também ao Brasil, no fim de 60 e começo de 70. A mulher surgia lutando contra a repressão masculina, simbolizando essa manifestação com a "queima de sutiãs" em praça pública; movimento contestatório de muitas bandeiras, sempre defendendo a liberdade, direitos e evolução da mulher. No pacote veio também a contestação de a mulher ser obrigada a amamentar no peito a criança.

Sempre houve em todos os tempos expressivo movimento feminista em todo o mundo. No Brasil, haja vista na história as abolicionistas ferrenhas que, a partir de resistências e derrotas, construíram conquistas, superando após longa luta a discriminação dos negros escravos.

Em 1970, as jovens mães não queriam que a amamentação fosse um modelo imposto, considerando que a mamadeira também era boa para as crianças. As mulheres se viam, na qualidade de animais, como chimpanzés e muitas assumiam não gostar de amamentar.

O feminismo é um movimento vivo, cujas lutas e estratégias estão em permanente processo de recriação. E futuramente, quase no terceiro milênio, elas mesmas viriam a fazer campanha a favor do aleitamento materno.

D. Nininha, querendo ser "moderna", não questionou a mamadeira, mas com seu instinto materno sugeriu à filha dar um carinho, colocando a criança ao peito só para não se sentir desamparada, afinal esteve tão ligada às entranhas da mãe que agora certamente sentia-se longe dela. Helena o fez e surpreendeu-se pela força com que o bebê sugava-lhe o peito, um minuto após recuou para dar-lhe a mamadeira, afirmando que ele estava faminto e ela não tinha leite. Ao tirar a criança do peito, D. Nininha apontou a Helena a boca pequenina molhada de leite, perguntando:

— E o que é isso? Veja! É leite!

Helena observou, mas prosseguiu no que acreditava. Deu-lhe a mamadeira.

Capítulo *Cinco*

Expansão de consciência

Tudo era motivo de alegria naquela casa. Maria Dolores revelou-se de total vivacidade; seu olhar cheio de amor e zelo envolvia o sobrinho, sua voz enchia o ar falando com a criança que já registrava sua presença, sorrindo. As trocas de fraldas, o banho, as mamadeiras ficavam por conta de sua dedicação e cuidado.

— Pedrinho precisa tomar sol de manhãzinha, dez minutos por dia! – exclamava ela para toda a família, após voltar do pediatra, quando acompanhava Helena na consulta.

— Não podemos esquecer o dia da vacina, Helena! – marcava e controlava a data de tudo.

Era Maria Dolores quem sabia quantos mililitros de leite o Pedrinho mamava, descrevendo que ele ingeria mais a cada dia; quantos quilos já pesava, etc. Quando Helena queria saber se ele regurgitou, evacuou, se estava febril, Maria Dolores era quem relatava com precisão o que se passava.

Helena era uma mãe zelosa e carinhosa, mas diante de Maria Dolores tão prestativa, contentava-se em vê-la viçosa e bonita cuidando do sobrinho. Se quisesse agradar a irmã, era só pedir que ela ficasse com o bebê para poder sair.

— Vai, Helena, fique tranquila, eu cuido dele!

Helena e Maria Dolores davam-se bem, não nutriam em seus corações sentimentos de inferioridade, exclusivismo, ciúme... Por isso, o entrelaçamento entre elas e Pedro era saudável e o projeto espiritual dele viabilizado.

Não foi relapso de mãe, até por incentivo da família, Helena voltou a estudar. Precisava terminar o Normal interrompido; naquele tempo nenhuma moça sequer pensava em ir grávida ao colégio.

À noite, Luís fazia um curso técnico de Contabilidade, então ela decidiu estudar também à noite, assim tinham a companhia um do outro. No percurso, Luís falava animado sobre o trabalho no escritório e Helena acompanhava o assunto com interesse, opinava, conversavam sobre o que ambos conheciam. Tinham notícias dos hippies, do movimento feminista, curtiam as músicas da jovem-guarda numa época de muita movimentação política.

O casal construía uma linda amizade, a paixão estava presente, porém serena; não só carícia, mas carinho, ternura e compreensão, com menos impetuosidade e mais controle emocional.

Na família de Luís, Helena encontrou um mundo diferente. D. Rosa e o Sr. João tinham cinco filhos e duas filhas, os quais, na companhia de suas namoradas e namorados (somente Jorge era casado), mais os netos, formavam verdadeira festa nos almoços de domingo.

D. Rosa não saía da beira da pia e do fogão; não podia sentar-se no sofá e fazer sala aos convidados, não tinha tempo, pois cozinhava para todo aquele "batalhão" e ainda satisfazendo o gosto de cada um.

Quando Helena chegou naquela casa pela primeira vez, estranhou ver tanta gente reunida e amontoada nos sofás da sala em frente à televisão. Embora o programa Sílvio Santos estivesse passando na TV, quase todos conversavam sem de fato assistirem ao programa. Além disso, não havia uma conversa substanciosa, até porque de quando em vez a atenção dos interlocutores dispersava, focando qualquer imagem da TV.

Na casa de Helena, pelo contrário, ligava-se a televisão somente no horário do programa a que de fato se quisesse assistir. Bastava consultar o jornal ou revista com programação de todos os canais e, na hora aprazada para o filme, a novela, a luta livre, os interessados silenciavam para assistir ao programa; se eventualmente chegasse uma visita, a televisão era desligada para que a atenção fosse direcionada, educadamente, à visita.

Os netos maiorzinhos eram dois, ora brincando e correndo no quintal da avó Rosa, ora brigando quando então eram advertidos pelas mães.

Dentro de casa, talvez estranhando o burburinho predominante da família paterna, Pedrinho chorava de vez em quando, o Sílvio Santos falava mais alto que todos juntos e quando o almoço ficava pronto eram divididos em turmas, todos não cabiam à mesa, claro.

Luís dizia que domingo era o único dia de folga de seu pai que, no sábado, fazia bico como cobrador a domicílio das mensalidades do Clube Esportivo da cidade. Na folga, ocupava-se das contas. Ganhando pouco, tinha que fazer muitos cálculos para controlar as despesas.

Um ano depois, Helena viria a compreender que a fartura acontecia somente aos domingos; a semana era apertada, as marmitas magras. Helena nunca encontrou pratos requintados na casa de D. Rosa, mas esta, com sua criatividade culinária, satisfazia a todos.

Para conseguir conversar com D. Rosa, Helena ficava à beira do fogão enquanto ela preparava o almoço. Que conversa boa! Longe da TV e de toda a patota da sala, aprendia muito com ela, que também era conhecedora de ervas curativas. D. Rosa tinha sempre uma novidade culinária, econômica e fácil de preparar, assim como falava do valor nutritivo ou curativo de cada alimento. Foi com ela que Helena aprendeu também a fazer os pratos prediletos de Luís, para satisfazer seu gosto italiano.

D. Rosa descendia da miscigenação de etnias indígena e afro-brasileiras, sendo sua pele parda, os cabelos negros e lisos, olhos também negros e amendoados, dentes brancos e fortes; beleza imperdoável para os preconceituosos. Uma escrava do lar, que sabia fazer-se querida porque queria o bem de todos à sua volta, assim unia sua grande família e a protegia do desmoronamento social da época.

Senhor João era branco de olhos verdes. Luís saiu um tipo moreno, de olhos castanhos claros, amendoados. Suas irmãs casaram-se uma a cada ano e Helena e Luís foram no embalo festivo. Pedrinho, com quatro anos, foi cavalheiro de honra dos pais no ritual de casamento católico, embora o casal não praticasse o culto da igreja. O sonho de toda moça era publicamente entrar na igreja de longo vestido branco, véu e grinalda, buquê na mão, ter a cerimônia fotografada e guardar o álbum como prova de juventude e beleza no dia inesquecível de suas vidas.

Pedro ganhou um lindo quarto na casa dos pais, mas dormia ora nele, ora em seu quarto na casa dos avós. Vai para lá, vem para cá, o menino fixou-se na casa dos avós, cujo pretexto foi ficar mais perto da escola, porém nós, caro leitor, sabemos qual foi a razão.

Helena e Luís tiveram um tempo de muita paz e tranquilidade. Ela, na escola, alfabetizava uma classe de crianças de manhã, agora fazia natação no clube à tarde e à noite esperava o marido com saboroso jantar e somente curtiam a companhia do filho no fim de semana.

Certo dia, ao voltar da natação, Helena deitou-se no sofá. Relaxou o corpo, relaxou bem, depois sentiu que flutuava, numa leveza, numa agilidade suave; sentou-se naturalmente e ergueu-se de pé. Sentia-se tão leve como que liberta de pesado fardo, olhou para trás e constatou que o fardo era seu corpo carnal, deitado no sofá, totalmente largado, no abandono do relaxamento. Assustou-se. Instintivamente voltou para despertar no corpo com um gritinho.

— Meu Deus, pensei que havia morrido!

Como já vimos, muitas vezes Helena saía do corpo, à noite, o que é perfeitamente possível a todos os Espíritos encarnados, bastando para esse intento "desligar-se" das agitações terrenas. O Espírito fica impedido desta "saída" somente quando o corpo não está bem, há tensão nervosa por uma preocupação qualquer; entretanto, se no relaxamento durante o sono o corpo fica confortavelmente protegido, o Espírito vai aonde estão seus interesses. Bem vale a máxima: "A gente está onde está nosso pensamento".

As lembranças dessa saída espiritual ficam depositadas no inconsciente, restando dos fatos vivenciados fora do corpo somente vago sentimento que norteia intuitivamente as escolhas terrenas. Aconteceu agora, em alguns segundos, a permissão de Helena tomar consciência de que é um Espírito habitando temporariamente o corpo carnal, podendo sair e voltar para ele, o que ela achou fantástico.

Helena, deslumbrada, contou o ocorrido para todos da família e para toda a família do Luís. Cunhados e concunhados a ouviam incredulamente e ela acabou se sentindo, diante das pessoas, como uma louca narrando coisas invisíveis, improváveis; só conseguiu transmitir sua surpresa e não o sentimento de alegria interior em saber-se realmente um Espírito "invisível", capaz de estar em outro plano da vida.

Faço por explicar, caro leitor, que um minuto de conscientização da vida espiritual é assaz importante porque, mesmo intuitivamente, a criatura é estimulada a conhecer mais sobre sua origem espiritual, a imortalidade do Espírito, a pluralidade de existências terrenas, o seu livre-arbítrio, a lei de causa e efeito, as provas e expiações, a lei de atração etc., ou seja, a base da revelação que hoje somos capazes de entender. Tendo como roteiro os ensinamentos de Jesus, o homem anseia melhorar para ser digno não só do amparo divino, mas de um futuro espiritual promissor.

Posto que a expansão de consciência da Helena a estava de algum modo constrangendo perante os outros, os abnegados servidores espirituais suspenderam a conscientização, deixando para quando ela pudesse lidar melhor com suas percepções.

Passados alguns meses, Helena, Luís, Pedrinho, Maria Dolores, D. Nininha e Sr. Cabral foram de kombi para São Paulo visitar um parente idoso que fazia aniversário, o bisavô paterno de Pedrinho, que ainda não conhecia o bisneto.

Depois da agradável visita, com fotografias e muitos abraços, à tarde se despediram. Atravessavam o centro de São Paulo para depois pegar a estrada, quando Helena viu que passaram em frente à Federação Espírita do Estado de São Paulo e pediu, quase gritando, que parassem o carro. Queria ir ali. Todos, um tanto cansados, olharam surpresos para Helena, quando perceberam seus olhos cheios de lágrimas:

— Preciso conhecer esse lugar.

Foram todos bem recebidos. Sentiram-se em paz e, além da preleção evangélica, receberam informações sobre os cursos da Casa. E por inspiração inscreveram-se ao aprendizado Helena, Luís, Cabral e Nininha, nas aulas de sábado à tarde.

Aprender nunca é demais, o esforço no estudo de livros edificantes nos abre mais um ângulo da visão infinita. Nenhum anjo trará revelações prontas ao encarnado acomodado, é preciso que haja interesse, abertura para recepcionar ideias e ideais novos, mudança das antigas crenças cheias de temores, superstições e mitos que obstruem a capacidade cognitiva do ser e lhe impedem ou atrasam a evolução intelecto-moral.

A felicidade não vem do mundo exterior, ela se constrói em nosso interior a partir do empenho na realização do bem em si mesmo, para depois expandir-se à sua volta. Quando encobertos pelo véu da ignorância, a caminhada terrena fica mais longa: é preciso levantar o véu ao menos um pouquinho, olhar o mundo de outra forma. A Vida, na verdade, é uma só, o Espírito pode experienciar na superfície terrena, nos planos invisíveis que circundam a crosta, em outros planetas, múltiplas são as moradas do nosso Criador.

Aos sábados, após o fechamento da loja, ao meio-dia, era uma correria. Os quatro assiduamente viajavam para a cidade de São Paulo. O estudo da Doutrina dos Espíritos em seus aspectos filosófico, científico e moral, segundo a interpretação dos Espíritos esclarecidos, era ao mesmo tempo um investimento no relacionamento do conhecido grupo.

Nessa programação voluntária, contaram com o auxílio também voluntário de Maria Dolores, que ficava com o querido sobrinho.

Para fugir da agitação em casa, poupando a Pedrinho ver todos saírem de carro – ele adorava andar de carro –, Maria Dolores passou a levá-lo aos sábados à pracinha para ele brincar no parque ou empinar pipa, isso por volta do meio-dia, hora em que o sol aparecia um pouco nos dias frios de agosto.

Depois de alguns sábados ela observou que um menino, que atendia pelo nome Felipe, sempre vinha acompanhado somente pelo pai. Pedro e Felipe começaram a brincar juntos, eram da mesma idade, seis anos e meio, apenas alguns dias de diferença. Entre uma atenção e outra às crianças, Maria Dolores e Simeão, o pai de Felipe, conversavam.

Simeão e Maria Dolores eram a princípio desconhecidos um para o outro, porque a memória encoberta pelo esquecimento das vidas passadas dava-lhes somente um clima de simpatia. Certa feita, ele contou-lhe que era desquitado e passava com o filho os fins de semana. Maria Dolores não via com bons olhos alguém desquitado, tinha a impressão de que se a pessoa foi largada, certamente seria intolerável de se conviver. Ao ouvi-lo, Maria Dolores desconversou apontando algo sobre as crianças, pois naturalmente comentavam as gracinhas que surpreendem os adultos, ambos expondo diferenças e afinidades de gostos entre elas.

Nessa época, quando o divórcio ainda não era legalizado no Brasil, utilizava-se a expressão "desquite amigável", havendo a separação dos cônjuges e dos bens, sem litígio, e as pessoas desquitadas não podiam casar legalmente de novo.

Maria Dolores admirava ser Simeão um pai educado e amoroso, não batia no filho por nada, utilizando sempre o diálogo. Simeão admirava ser Maria Dolores uma tia capaz de amar o sobrinho como uma mãe, sem jamais bater nele, isso era da competência somente da mãe, que dava em Pedrinho umas palmadas de vez em quando, se ele a tirava do sério.

Um dia, Simeão a convidou para irem com as crianças almoçar em uma churrascaria, cujo rodízio era não só de carnes, mas também de pizzas; tratava-se de boa novidade que as crianças poderiam gostar, uma vez que as pizzarias abriam somente à noite.

Maria Dolores aceitou o convite, naturalmente. No sábado, ao se preparar para o almoço, esmerou-se no figurino, no penteado, deixando os familiares admirados.

O tempo foi passando; sendo relacionamentos edificantes, muitas mudanças acontecem cheias de alegria e esperanças cada vez maiores.

Quando Simeão viajava com o filho, isso era para Felipe conhecer e se relacionar com toda a família paterna. E para que não ficasse em branco, Simeão enviava flores a Maria Dolores, e a Pedro um cartão escrito com a letrinha de Felipe, as palavras ditadas pelo pai: "Bom fim de semana! Simeão e Felipe". Ou, então: "Voltaremos na semana que vem".

Simeão, quando mais jovem e solteiro, achava que o namoro firme era um ato de responsabilidade e adiava essa experiência, dedicando-se aos estudos. Teve breves flertes e amores platônicos.

Ao completar o curso científico, equivalente ao atual ensino médio, Simeão se preparava para o vestibular, sem ter certeza do que seguir. Orientado pelo velho professor Elias, de Matemática, ele observou que na época transitória que o Brasil atravessava muitos doutores estavam colocando seus diplomas debaixo do braço sem ter o que fazer. O país naquele momento precisava de homens com especialização técnica, capazes de ganhar melhor remuneração do que o universitário. Assim foi feito, e aos 25 anos Simeão não só se tornou um profissional metalúrgico competente e admirado, como também logo adquiriu sua primeira casa própria, fruto do seu trabalho.

Os pais de Simeão, portugueses, segundo o costume, faziam-no ver a importância de casar-se com uma patrícia portuguesa. Indicaram-lhe uma moça bonita quase da mesma idade que Simeão. A moça há muito tempo gostava dele, já estava ficando "pra titia" e não se casaria com um cabra (mulato) brasileiro.

Simeão era uma alma humilde, educada; resignou-se não querendo desagradá-los. Sentia-se ora feliz em proporcionar alegria aos compatriotas, ora infeliz, sem escolha, atado a um destino com leve pressentimento de derrota.

Para Simeão e Cristina os dois primeiros anos foram bons; de gênios diferentes, faziam mútuas cobranças, mas achavam que com o tempo poderiam se entender melhor. Chegou o filho, Felipe, e esperanças de que isso modificaria o ambiente doméstico, mas tudo parece que piorou.

O casamento de Simeão e Cristina foi se arruinando por um mal que acontece em muitos lares – a maledicência conjugal. É isso mesmo, a pessoa pode ser maledicente da própria vida conjugal, mesmo não sendo da vida alheia. Expõe aos ouvidos de familiares, amigos e até de sorrateiros inimigos os defeitos, maus humores do cônjuge, as discussões, as lamentações. Esse mórbido prazer de denegrir a imagem do outro, por certo para justificar-se como isento de erro, revela-se um erro ainda maior, lesando moral e socialmente o outro.

Assim, Cristina levou seu casamento à falência, porque Simeão, desmoralizado, viu como saída da situação o pedido de desquite.

A separação foi benéfica para Simeão, que voltando à casa paterna promovia sua retomada de forças espirituais, buscando serenidade e confiança nos desígnios de Deus. Intimamente a crença de casamento arranjado que Simeão nutria desde existências passadas caiu por terra.

Para Felipe também foi melhor, pois não mais presenciava as discussões entre os pais. Simeão descobriu em si mesmo um instinto paterno no trato com o filho; a qualidade do relacionamento ficou muito melhor, mais aconchegante e valiosa, embora o curtisse somente no final da semana.

Falo ao leitor amigo que o caso vivido por Simeão foi uma provação com duração suficiente para o casal avaliar que somente o amor une espiritualmente as pessoas; outros interesses, de cunho somente material, são ligações temporárias cujo engano não deixa de ser um trauma doloroso, mesmo diante da possibilidade de recomeçar uma vida nova.

Capítulo Seis

Reflexões

Essa é uma história da vida real extraída dos arquivos cósmicos que poderia ter tido diferente trajetória. É fácil observar que bastaria o mau uso do livre-arbítrio, ou seja, a capacidade de fazer escolhas, para desencaminhar uma vida, para desmantelar toda uma família.

Diante do ensejo de nova existência terrena, a criatura, consciente ou inconscientemente, tem para ser vivenciado todo um projeto reencarnatório que, em parte, fica à mercê do direito de fazer escolhas. Então podem ocorrer modificações, ora forçadas pelo reencarnado incauto, ora contornadas pela equipe espiritual ao fazer a recapitulação do projeto, pois que acompanha desde o começo os percalços da "viagem".

Cabral poderia ter expulsado de casa a filha, mãe solteira, culpando-a pelo abuso de sua confiança e proteção; renegado o neto que estava para nascer, imposto à filha um casamento desastroso, feito a esposa chorar diante do infortúnio da filha. Entretanto, ele silenciou diante da sugestão do mal que o espreitava. No atual nível evolutivo da Terra, o mal ainda está sempre por perto. Cabral, no entanto, buscou o autocontrole emocional diante do imprevisto, colocou-se no lugar daquela alma que com o olhar mendigava sua piedade, proteção e compreensão. Ele conseguiu dar testemunho de amor à filha Helena, mesmo não gostando do que ela fez, pois isso não o impediu de amá-la e desejar sua felicidade; soube separar as coisas, seu amor paterno pôde vencer qualquer dificuldade.

Observemos que cada um é responsável pelo uso do livre-arbítrio, mesmo quando delega a outrem a decisão da própria vida. Deixar que outra pessoa escolha por nós não nos isenta de culpa, se a escolha for errada, como no caso de Maria Dolores: ela não examinou os prós e os contra da situação. Deixou que Norberto violasse seu livre-arbítrio, dizendo a ela o que fazer. Maria Dolores teve até o último momento oportunidade de não escolher o aborto, o que não fez. Arrependeu-se e, por misericórdia divina, pôde amar seu sobrinho como ao filho a quem um dia ela negou seu amor.

Tudo o que se pensa, faz ou fala, por lei divina acarreta uma reação, benéfica ou não, de acordo com a qualidade da ação. Maria Dolores e Norberto sofrerão as consequências do próprio ato, se não ainda nessa vida, em outra. Entretanto, as atenuantes são de suma importância, a saber: quanto maior for a bagagem espiritual de cada um em favor do próximo, mais atenuada se torna sua expiação.

O caso de D. Rosa, a parteira e "aborteira" do passado, é exemplo de como funciona a atenuante. Na vida posterior foi incansável mãe de sete filhos, em pobreza honesta. Teve atenuado o sofrimento, ressarcindo seu débito com menos dor e maior convocação ao amor e dedicação aos Espíritos anteriormente vítimas do aborto.

Helena e Luís fizeram a caridade de dar à luz Pedro, um Espírito ansioso não somente pelo entrelaçamento afetivo na convivência familiar, como também pelo ideal de provar estar se tornando cada vez melhor, um verdadeiro filho de Deus em amor e compaixão aos sofrimentos alheios.

O leitor atento há de brevemente interromper esta leitura para recordar de alguns casos de "troca de papéis", em que avó, tia, madrinha ou até uma vizinha pode atuar como segunda mãe, assim como o homem atuar como segundo pai, numa situação que parece inesperada, mas prevista na lei de atração.

Para Deus, somos todos irmãos exercitando a capacidade de amar, no aprendizado constante que a vida terrena oferece. Essa troca de papéis nos prova que o amor é sentimento libertador, flexível, renovador, altruísta e feliz, que contorna com cuidado qualquer barreira no caminho, vencendo-a e atingindo o objetivo.

Helena e Luís poderiam ter sido logo felizes, não fosse a imprudência dela de não saber esperar passar o choque que a notícia da gravidez causou ao rapaz. Ele, em nenhum momento deixou de amá-la e não rejeitou ser pai. Helena teve o livre-arbítrio de provocar a temporária separação, fechando-se ao diálogo. Teve tempo de reconhecer que foi imprudente, impulsiva, orgulhosa e retificou ou requalificou a escolha em tempo hábil. Quando a criatura quer fazer o melhor de si, vai aprendendo com os próprios desacertos.

Helena foi merecedora de constante auxílio espiritual por sua determinação no bem, sua coragem de ter enfrentado a situação constrangedora e as interferências maléficas.

O leitor há de concordar comigo, que o direito da liberdade de escolha nos auxilia a evoluir, temos de aprender a hora de dizer sim e a hora de dizer não. Uma decisão pode ser depois reformulada, assim como tornar-se irrevogável. Diante dessa responsabilidade, a espiritualidade nos aconselha a examinar bem cada situação, para não sofrermos com as consequências das próprias escolhas.

Em caso de hesitação, em que não se sabe escolher, não se sabe o que dizer, se sim ou não em determinada circunstância, acho muito norteadora a habilidade de adiar a decisão, ou seja, buscar um tempinho não só para refletir, mas para conectar-se com Deus, rever os conselhos preciosos de Jesus, que nos falam de amor, perdão, doçura, fé. Assim, por inspiração, seu tutor divino, também conhecido como mentor, benfeitor ou anjo guardião, poderá transmitir-lhe um conselho amoroso porque ele atende a quem o procura. De que adiantaria ele estender a mão de carinho e zelo, se o tutelado volta-lhe as costas?

Na convivência de um casal, naturalmente com o tempo vai se definindo quem é mais forte espiritualmente, qual é o líder moral, porque o lar não pode ser dirigido por dois volantes ao mesmo tempo; não especifico que a submissão seja sempre da esposa, pois temos visto mulheres com estudo, trabalho e amor forjarem sua própria capacidade de conduzir o lar num padrão moral elevado, preservando-o em harmonia e união familiar.

Ser submisso não é estar sob os pés de um tirano. Vejamos, D. Nininha não tinha o ímpeto para discutir opiniões, que mudam como se muda de roupa, mas a serenidade de ouvir mais do que falar, de dar mais do que receber; ela respeitava o sentimento, o livre-arbítrio do companheiro e admirava-lhe as qualidades, era uma alma mansa, dócil, sã. Uma alma submissa, humilde e serena como que o chão em que Cabral pisava, pois quando ele consultava Nininha sobre algo e ela consentia, ele se fortalecia com sua sustentação. Ao passo que, quando ela mesma não sabia responder, dizendo que precisava pensar sobre o assunto, Cabral logo percebia que, na dúvida, já não devia agir.

Praticamente nunca houve discussões entre o casal Cabral e Nininha; só se consegue isso quando os dois escolhem livremente ser isso o que querem para suas vidas, para o lar que construíram. Há pessoas que acham normal algumas discussões conjugais, digo-lhes que não.

Uma transformação é necessária no lar em que frequentemente ou de vez em quando se discute, começando por uma das partes. Como se faz isso? Reúnam-se para dialogar, fortaleçam a união doméstica, orem juntos a essa Força Soberana que nos criou, rogando proteção e amparo ao lar, a fim de que os familiares consigam a paz de espírito, a luz do entendimento mútuo, a força espiritual para realizarem na vida terrena seus ideais definidos antes de reencarnarem. Deem as mãos, selando a união familiar e, diante de uma dificuldade, que não falte a tolerância, a compreensão, o amor.

Luís e Simeão eram dois exemplares da nova geração masculina, o cabelo curtíssimo, corte americano do Luís, e o cabelo longo amarrado à nuca de Simeão. Ambos sem antiquados bigodes, traziam a barba escanhoada, o rosto liso e sedoso banhado de loção. O novo porte, menos almofadinha mais descontraído dentro de uma calça jeans aproximava-se do mundo da mulher. A expressão unissex começou naquela época: o que vale para o homem vale também para a mulher; sendo o inverso também verdadeiro, a partir daí começou o abafado "movimento masculinista".

Lembremos que o movimento feminista da época lutava principalmente pela liberdade de a mulher provar ser capaz de realizações antes somente masculinas. Observemos que, com isso, meio inconscientemente, havia paralelamente um calado movimento masculino: o homem não podia continuar a depender dos serviços domésticos da mulher, precisava libertar-se, ter autonomia. Foi quando, entre outros serviços, teve maior abrangência, por exemplo, o restaurante self-service, surgido durante a segunda guerra por falta de mão-de-obra como opção de comida rápida bem adaptada às novas necessidades da classe trabalhadora.

Então, houve forte influência em casa: o Luís, que nas refeições tinha o prato servido pela mãe, depois de casado fazia seu próprio prato e logo não deixaria de ser macho, se o lavasse após o uso. Lavar prato e talheres pouco auxilia a quem vai arrumar a cozinha após as refeições; diante disso, muitas vezes Luís acabava lavando toda a louça. Aos poucos, o homem passou também a cozinhar, costurar, e os mais metódicos erram menos e surpreendem mais.

Já Simeão provou a si mesmo que Felipe teria no pai uma verdadeira mãe, e assim o fazia com êxito. Só mais tarde, viria a dar seu exemplo em experiência doméstica.

Capítulo Sete

Amai-vos e instruí-vos

Maria Dolores e Simeão “juntaram as trouxas”, como o povo dizia, quando decidiram juntos formar um lar.

Aproveito para dizer de passagem que o lar é o santuário da criatura e que o homem pode destruí-lo materialmente, mas, por lei divina, é possível reconstruí-lo como se a pessoa encetasse nova existência terrena dentro da mesma reencarnação.

Simeão e Maria Dolores eram almas que se buscaram, como irmãos, que não se esqueceram dos laços afetivos. Melhor se juntarem para respaldo mútuo do que seguirem sozinhos suas desditas. Se não houvesse o sublime sentimento de perdão em relação à Maria Dolores de outrora, em vez de companheiro e amigo, ela teria nele pessoa antipática e infeliz. O perdão favorecia o crescimento espiritual de ambos.

Não há dúvida, amigo leitor, de que nós aprendemos muito com as consequências de nossos erros, marcadas em nossa alma, sendo essas marcas que sinalizam intuitivamente nossos passos. Quando desejamos o perdão de alguém, somos capazes de tudo. Esquecemos de nós mesmos para fazer o outro feliz, nos transformamos a ponto de não sermos mais a criatura que fomos no passado. Maria Dolores queria fazer Simeão feliz, para sua própria paz espiritual.

Maria Dolores poderia seguir sua vida de boa filha, que ajudava a mãe nas costuras; boa tia, que amava o sobrinho. Simeão também podia continuar a ser bom filho para os pais, bom pai para seu filho. No entanto, a proposta de união entre os dois foi um convite espiritual para que ambos fizessem um tantinho a mais em seus destinos.

Na época não eram vistos com bons olhos os casais amasiados e a criação do filho dos outros. No entanto, Maria Dolores e Simeão aceitaram, a despeito da maledicência alheia, construir um lar em que Felipe e Pedro também convivessem.

Diante dos ensinamentos espíritas, Helena pôde saber melhor sobre a imortalidade da alma. Ela repetia para si mesma "eu sou um Espírito eterno!". O corpo é minha morada, enquanto faço estágio na vida terrena. O corpo é como um carro carnal para eu, Espírito, locomover-me; quando estaciono o carro para repouso, posso sair dele e a ele retornar, dando partida no "motor-vida" para as atividades de mais um dia terreno.

A morte é o desgaste do corpo, como um carro velho que virou sucata, ou sofreu acidente de percurso. O Espírito sobrevive a essa perda, a vida continua do outro lado, pois só a existência terrena é interrompida. Então, na certeza dos laços afetivos indestrutíveis, o Espírito nem cogita a morte, essa "perda" do corpo e dos entes queridos, que tanto aflige os familiares encarnados ao contemplar a partida.

Ao fim do estágio, o Espírito faz um balanço de como foi proveitosa a vida terrena e como pode aprender mais na espiritualidade para encetar nova jornada encarnatória, nova fase evolutiva a que chamamos de reencarnação.

Na Espiritualidade, como também numa existência futura na superfície terrena, será viabilizado o reencontro com as criaturas amadas para o aperfeiçoamento das relações humanas, para o crescimento moral e espiritual dos seres, nos dois lados da vida.

Ninguém precisa se perder em cogitações improdutivas sobre seus débitos passados, ainda impunes. A expiação vem no momento em que estamos preparados para essa experiência redentora. Não precisamos sentir culpa nem praticar autoflagelação, é desnecessário "acrescentar mais peso à própria cruz": basta corajosamente expiar os débitos, conforme a justiça de Deus, no momento certo da vida, resignadamente e sem lamentações, com muita paciência e humildade. À medida que pagamos uma dívida, simultaneamente conquistamos qualidades que evitam a reincidência no mesmo erro.

O resgate de débitos passados não é castigo a nós infligido, mas uma lição para evoluir um pouco mais, tanto é que em alguns casos – cada caso é diferente – um Espírito pode passar séculos sem "queimar", sem saldar um débito espiritual, até conquistar maturidade para aproveitar a expiação como lição divina.

A chave no aprendizado espírita é a conscientização da necessidade de revisão de valores, substituição de vícios e imperfeições por virtudes. Para tanto, é essencial a busca do autoconhecimento a partir de constante análise consciencial, visando identificar nossos defeitos tão visíveis aos outros, mas escondidos de nós mesmos.

Para essa lucidez, precisamos de um código de conduta, o evangelho primitivo, ou seja, os ensinamentos de Jesus em sua pureza, sem as interferências humanas errôneas, sem os acréscimos dogmáticos, ritualísticos, sem o terrorismo de um Deus carrasco implantado nas almas mais frágeis.

E Helena, em suas reflexões, percebia que Deus lhe permitia receber na Terra comunicação dos Espíritos, porém cabia a ela o discernimento para assimilar o que servia em sua evolução e deixar de lado o que não condizia com o bem, no seu ponto de vista.

Daí a importância de as pessoas conhecerem vários preceitos religiosos, recolhendo um pedacinho de verdade em cada religião. Parece até que Deus pegou a Verdade por inteiro, rasgou-a em pedacinhos e as espalhou entre os homens; parece, mas Helena passou a ver que a verdade é uma só. No entanto, no grau evolutivo da humanidade terrena, ainda não há olhos de ver nem ouvidos de ouvir toda a verdade, por causa de nossa inferioridade espiritual, mas, à medida que progredimos, que crescemos no amor ao próximo, nossos caminhos vão se abrindo em ciclos renovadores de aprendizado.

Aos domingos à noite, antes de se recolherem ao leito, Helena e Luís estudavam um trecho de *O Evangelho segundo o Espiritismo* – contendo explicações e máximas morais acrescidas de instruções de Espíritos e comentários de Allan Kardec – trocando ideias a respeito dos ensinamentos de Jesus, pois buscavam pautar suas vidas naqueles ensinamentos. O ambiente no lar era sereno e convidativo aos pensamentos positivos, aos sentimentos fraternos. Vibravam favoravelmente a Helena, agora novamente grávida, oito anos após a primeira gravidez, para que ela pudesse dar à luz com tranquilidade e confiança em Deus, e que o bebê viesse vigorosamente cumprir suas tarefas definidas antes de reencarnar.

Maria Dolores montou seu próprio ateliê de alta costura, a mãe às vezes dava uma mãozinha, para ela aprontar as encomendas a tempo. Simeão admirava seu talento, sempre dedicada ao trabalho e à família, bondosa, paciente com todos.

Tornou-se católica como a família de Simeão. As crianças também frequentavam a igreja e participavam das atividades.

Depois do curso primário de quatro anos, o aluno candidato ao ginásio passava pelo curso de admissão e exame de seleção, a fim de conquistar um lugar em escola pública, uma exigência ou mal necessário, porque o Estado não tinha condições de oferecer vagas a todos os interessados. Pedro e Felipe prestaram exames em três escolas e foram aprovados no ginásio mais próximo da residência de Helena e Luís, assim após o colégio eles iam lanchar com Helena, antes de voltarem para casa.

D. Nininha ficou muito só depois que as filhas saíram de casa. Cabral confiava a loja aos cuidados de Luís, passando mais tempo com a esposa. Já não ia tão cedo para o trabalho e voltava mais cedo para casa.

Ela costurava peças para enxovais de bebê, distribuídos a mães carentes na cidade de São Paulo; trabalhava contente, preenchia o dia com essa ocupação saudável, impregnando as peças de vibrações amorosas. D. Nininha mostrava ao marido, com entusiasmo, o que fazia e ele admirava o serviço dela. De vez em quando, ele suspirava dizendo que também havia mães carentes em sua cidade, que ela não precisava auxiliar tão longe, deixando de atender ao próximo mais próximo.

Certo dia, entrou na loja uma mulher, pedindo emprego de costureira na confecção de uniformes; ela estava grávida. Nesse tempo, não se pegava para trabalhar uma mulher grávida! Era só prejuízo. Cabral sentiu seu coração apertar, pensou logo em dar-lhe uma esmola, mas envergonhou-se, afinal ela estava pedindo um trabalho honesto. Teve um "impulso" ardente, ou seja, uma inspiração divina de dar o que ela pedia: trabalho. Assim, recebeu-a para fazer o teste na máquina de overloque com a costureira-chefe. Foi logo aprovada e dentro de alguns dias Luís providenciou seu registro no emprego.

Naquela tarde, Cabral chegou em casa eufórico, querendo falar logo com Nininha; agira sem consultá-la, mas achava que fez o certo, porque vinha aprendendo que caridade não é só esmola. Nininha, emocionada, o abraçou dizendo que no dia seguinte ele levasse um enxoval de bebê para a nova funcionária. Ambos sorriam felizes, porque encontraram a receita da felicidade: fazer ao próximo o que desejariam para si mesmos.

Foi essa senhora, Marli, moradora num bairro bem pobre, que indicou, aos poucos, vizinhas grávidas e carentes de enxoval para bebê. E Nininha passou a servir um tantinho mais.

Luís e Sr. Cabral eram Espíritos que se conheceram nesta vida e passaram a admirar-se mutuamente. Logo revelaram muitas afinidades. Na ausência do Sr. Cabral, fosse o que fosse, poderia ser tratado com o genro. Como Luís era um pai que estava "grávido", de vez em quando batia um papo com D. Marli, a nova funcionária grávida.

Foi quando Luís observou que havia pobreza de informações úteis à mãe e ao futuro bebê. Falou sobre isso com Helena que, de boa intenção, preparou uma apostila, resumo dos livros que lia, mencionando os cuidados na gravidez e depois com o bebê. A apostila era útil para mães principiantes ou não, porque muitas mulheres não davam importância ao pré-natal bem feito e, entre outras negligências com o bebê, havia ainda muito desleixo com as datas de aplicação das vacinas infantis.

Luís presenteou a funcionária com uma apostila; depois de algum tempo soube que D. Marli tinha dificuldade de ler e que ainda não havia lido a apostila.

O inseparável grupo, Helena, Luís, Cabral e D. Nininha, conversou sobre a dificuldade de D. Marli e, para contornar, teve a ideia de Helena fazer o seguinte: Toda mulher que quisesse ganhar o enxoval do bebê, seria inscrita na loja. Uma vez por mês, num domingo, reuniriam as grávidas na loja fechada ao público, e antes da distribuição dos enxovais elas ouviriam palestra com as orientações de Helena, abordando o conteúdo da apostila onde, entre outras coisas, era mencionada a importância do aleitamento materno. Agora Helena acreditava que ao menos nos primeiros seis meses a mamadeira não substitui o leite da mãe.

O leitor há de observar que com o tempo somos capacitados a rever nossas convicções. Mudando uma crença, logo muda o comportamento, porque somente conseguimos realizar aquilo em que acreditamos.

Eu digo mais, leitor amigo, o leite de vaca é naturalmente destinado por Deus para a cria – o bezerro. O leite da vaca é composto para prover nutrição dos rebentos de sua espécie, não é igual ao leite da mulher. Crianças sofrem cólicas, intolerância ou alergia com a ingestão do leite impróprio para sua constituição humana. O leite materno é o melhor alimento para o recém-nascido, no primeiro ano de vida. É preciso assumir a responsabilidade pessoal pelos danos causados às vacas, ao ambiente e à própria saúde. Crianças e adultos sofrem com gases que borbulham nos intestinos pela ingestão desse alimento estranho.

D. Nininha e Helena incrementaram a reunião com um lanchinho, tendo observado que nem o café da manhã algumas mães haviam tomado. Que clima! No ar dava para sentir as vibrações de fraternidade, de amor ao próximo, sem desejar retribuição. As futuras mães saíam fortalecidas espiritualmente, abraçadas, presenteadas, cientes da doação que é ser mãe, não havia qualquer discriminação entre mãe solteira e casada.

A distribuição de mais ou menos sete a oito enxovais por mês, depois foi aumentando, porque algumas mulheres vinham de cidades vizinhas: compensava o gasto de condução, ou mesmo perder um dia de trabalho, pois o enxoval era bem feito, bonito e muito útil. D. Marli continuou encaminhando mães do seu bairro para a distribuição de enxovais, mas depois a publicidade boca a boca fazia seu papel.

D. Nininha deixou de contribuir com enxovais lá na capital e se concentrou em servir mais em sua cidade e regiões vizinhas. Estava agradecida a Deus por ter encontrado instruções morais e espirituais que lhe tocaram o coração para, com ânimo, abraçar a causa de auxílio à chegada de bebês.

Visando atender às necessidades, Helena, que não tinha inclinação a costura e tricô, comprava peças na capital para doar na composição dos enxovais. Maria Dolores também contribuía na costura e encomendava à irmã algumas peças. Começaram a surgir outras doações de enxovais completos, reorganizados de maneira a constar sempre o mesmo número de peças para evitar desigualdades, privilégios, o que não seria justo. As doações vinham de senhoras sensibilizadas com a causa e que passaram a fazer parte da equipe sob coordenação de D. Nininha.

Após a reunião de entrega de doações, Sr. Cabral e Luís davam carona às gestantes até seus lares, porque carregar um pacote grande não só seria pesado, mas incômodo na condução coletiva.

Observemos, leitor amigo, o quanto podemos confiar na capacidade do ser humano, que muitas vezes não começa a fazer o bem por falta de coragem, por sentir-se sozinho; basta começar uma empreitada em favor do próximo que sempre encontrará outro alguém com a mesma afinidade de querer servir. A vontade de ser útil, de ajudar a quem precisa, de alegrar-se com a alegria do outro, posso afirmar que não falta, ao menos no Brasil; o que falta é iniciativa, depois persistência no caminho escolhido, pois o ditado popular "o bem demora, mas não tarda" é sábio. Pela afinidade espiritual, aqueles que simpatizam com a causa dos que já começaram, acham mais fácil auxiliar para tornar o trabalho melhor e maior.

Helena, Luís, Cabral e Nininha eram espíritas; D. Marli, protestante; Maria Dolores e Simeão, católicos; todos juntos na mesma ação com a contribuição fraterna de outras senhoras, às quais nunca foi perguntado: "Qual é a sua religião"?

O papel da religião, como indica o próprio termo em latim "religare", é o de religar a pessoa que estava afastada de Deus. Atendendo a esse chamado divino, ela vai encontrar Jesus Cristo como o modelo. Seus ensinamentos morais, passados dois milênios, formam um código de conduta moderníssimo, indiscutível e comum a todas as religiões; basta segui-lo para nos tornarmos o que Deus espera de cada um. Se uma religião não transforma o adepto em homem de bem, então não está cumprindo o seu papel!

Vamos separar as coisas: tomemos a religião como abençoada escola e a caridade um dever humano, atividade do bem, sem bandeira religiosa. O bem é universal! Não façamos como certos grupos, que impõem sua religião aos assistidos. Se o assistido deve cumprir a ordem de frequentar determinada religião, para só assim merecer a doação do auxílio, logo não se trata de caridade. A verdadeira caridade é sem retribuição, como ensinava Jesus. A religião, quando imposta, torna-se antipática, afugenta mais do que atrai.

O cristão há de pensar que deve aproveitar a oportunidade da doação para divulgar sua doutrina. Acaso você ainda crê que as almas desgarradas de Deus são assim por falta de divulgação? Não seria por falta de vontade?

O que tem de gente ainda querendo impor sua religião, desrespeitando o livre-arbítrio do próximo sob pretexto da caridade... Você gostaria de ser constrangido a frequentar um local onde não se sente bem, não entende o que dizem, para conseguir o auxílio de uma cesta básica? Vamos respeitar os sentimentos do próximo!

É preciso entender que o exemplo fala mais perto do coração, atrai de modo misterioso, infunde nos beneficiados a vontade de descobrir o que levou um grupo de voluntários a ajudar, se muitas vezes são pessoas de condições só um tanto melhor e que poderiam, numa inversão circunstancial, precisar também de assistência.

Doar dinheiro e virar as costas é só caridade material, porque o dinheiro é necessário e útil; sem amor, o gesto é inócuo, não cura a carência afetiva, não dá arrimo espiritual nem encoraja à luta de cada dia.

No dia em que houver em cada esquina um grupo de pessoas de boa vontade, equipes benfeitoras, com o propósito de praticar a verdadeira caridade sem exigências, com devotamento ao bem, acabará a miséria espiritual tão perto de nossos olhos.

Falo de equipe de trabalho voluntário em favor do próximo, observe bem. Porque não só os voluntários sustentam espiritualmente um ao outro pela força da corrente benfeitora que os une, como também não deve um voluntário sozinho arvorar-se em benfeitor, arriscando a envolver-se nas dificuldades alheias.

Já ouvi gente afirmar que é preciso envolver-se espiritualmente para se conscientizar da realidade dos sofrimentos alheios. Não é bem assim. É preciso ajudar coerentemente para que seja atendida a mais urgente e verdadeira necessidade do assistido, doando com carinho e respeito, mas também com cuidado para não se envolver com "todas" as suas dificuldades porque, na peleja de querer solucionar questões muitas vezes cármicas, o doador pode passar a carregar a cruz do outro, trabalho exaustivo esse, como também interferir na experiência e aprendizado que o irmão ora assistido deve vivenciar. Quem se arvora em benfeitor de causas infindáveis, perturba-se pelo equívoco de achar que Deus não está olhando seus filhos em suas necessidades.

Somente na certeza do amor e sabedoria de Deus, principalmente em sua justiça, é que se assenta nossa fé. O leitor amigo há de entender que caridade é um arrimo, um recurso, "uma mãozinha". Aquele que ajudou o Nazareno exausto, pegando na beirada da cruz, deu-lhe encorajamento, porém não pôde carregar-lhe a cruz.

Sejamos nós aquele que coloca simbolicamente uma almofadinha sob a cruz pesada no ombro do outro, para ele poder carregá-la com menos dor.

O trabalho milenar das religiões é esclarecer visando elevar o grau evolutivo do homem. A tendência no futuro será desaparecerem as instituições religiosas para darem lugar a reuniões fraternas de pessoas constantes no Bem em ação. Estou falando de homens evangelizados que não mais suportarão a presença do sofrimento na face da Terra e para quem a caridade é simplesmente um dever cumprido com prazer.

Quem já está preparado para dar mais do que pedir, participar mais do que aguardar, evoluir mais do que estacionar?

Aquele que entendeu profundamente o "amai-vos e instruí-vos" já pode sentir-se capaz e não ficar num eterno preparo, de braços cruzados, esperando primeiro sua vida melhorar para só então ajudar o próximo. E quem voluntariamente abraça uma causa nobre não deve com isso deixar de estudar sempre, tanto para melhorar sua doação na causa como para ser instrumento de confiança em tarefas de maior abrangência e responsabilidade.

Todas as dificuldades na superfície terrena ou fora dela são sempre espirituais, entretanto quando duradouras, se materializam, carecendo por isso de auxílio material de emergência. Não pense que a fome, a dívida, o desemprego são problemas intrinsecamente materiais: são espirituais!

Não estando a causa do sofrimento nesta encarnação, com certeza está em vida passada, pois a criatura sempre sofre as consequências de suas escolhas. Quem escolheu plantar discórdia vai colher discórdia, plantar prejuízos aos outros vai colher prejuízos também.

Se, por lei divina, estamos evoluindo sempre e não regredimos, logicamente somos hoje melhores do que fomos outrora. Podemos, sem a conscientização agora expandida, ter errado, e muito, contra o próximo. Por isso às vezes nos vemos envolvidos em situações indesejáveis pelas quais temos de passar, a justiça divina é infalível; ninguém permanece incólume, mesmo que o débito espiritual venha a ser ressarcido muito mais tarde como preciosa lição evolutiva.

Quem estuda é convocado espiritualmente a colocar em prática os ensinamentos morais do Cristo; ninguém pratica o que não sabe e, mesmo querendo exercitar o que aprendeu, muitas vezes falha, constatando o quanto é difícil transformar-se em alguém capaz de amar ao próximo e a si mesmo.

Amar a si mesmo é amealhar no Espírito qualidades como disciplina, honestidade, justiça, lealdade, solidariedade, humildade, desapego, tolerância, compreensão, cooperação, doçura, perdão, a determinação no bem. Ainda, cuidar bem dos empréstimos recebidos, como a bênção do corpo, do lar e do planeta.

Ninguém ajuda efetivamente a si e ao próximo sem estudar. O Evangelho é a fonte primordial; entretanto, muitos outros livros edificantes auxiliam na transformação, favorecendo o trato com o próximo.

As personagens que acompanhamos; Helena, Luís, Nininha e Cabral, concluíram uma etapa de seus estudos espíritas: fizeram o Curso Básico, a Escola de Aprendizes do Evangelho e a Escola de Médiuns; cinco anos já haviam passado e era fácil notar a mudança neles.

Os protagonistas de nossa história passaram a conhecer melhor Jesus e Sua missão redentora para a humanidade. Não fizeram somente o estudo dos ensinamentos do Mestre, mas uma iniciação espiritual de autoconhecimento para descobrir as próprias imperfeições e principalmente corrigi-las a partir de intensa reforma interior – o que é difícil, porém não impossível.

Sobre mediunidade, aprenderam haver muitas criaturas com dificuldade de revelar qualquer percepção sensorial sobre algo "do outro mundo", porque temem ser diferentes do "normal" e, com isso, em vez de estudar o que lhes anda acontecendo, preferem esquecer, fechar os olhos, não pensar mais no assunto. Não é por ignorarmos a espiritualidade que ela deixará de existir. Estamos cercados de Espíritos, mesmo não querendo nisso acreditar!

Há, grosso modo, duas categorias de Espíritos: Espíritos sofredores e Espíritos benfeitores. Os benfeitores inspiram bons pensamentos para que haja boas resoluções. Os sofredores precisam ser ajudados; praticando o bem para que lhes sirva de exemplo e aprendizado, pode-se ajudá-los; não os ajudando, logo se perturba com sua aproximação e se passa a necessitar de socorro espiritual. Há somente dois caminhos: ou se ajuda, ou precisará ser ajudado.

E os obsessores? Nada mais são do que Espíritos sofredores. Por fixação mental, insistem em sofrer e fazer alguém sofrer, a pretexto de promover acerto de contas, não confiando na justiça de Deus. Sofrem e perdem muitos anos; há casos de atingir séculos, até sair desse quadro vingativo. A receita é uma só: embora o obsedado esteja colhendo o que plantou, pelo mau uso do livre-arbítrio, a libertação pode ser antecipada quando sua mudança espiritual for grande a ponto de o obsessor não mais reconhecê-lo como o algoz do passado. Mudança para o bem é a chave para libertar-se do obsessor, porque o obsedado passa a ser o "instrutor" do obsessor por meio de seus exemplos de reforma íntima.

No lar, esmiuçando o estudo de O Evangelho segundo o Espiritismo, cria-se dupla oportunidade. Em primeiro lugar, nesse momento os familiares se reúnem para aprender um pouco e trocar ideias, refletindo sobre determinado tema, modificando suas predisposições espirituais refletidas no comportamento diário. Simultaneamente, em segundo lugar, a família oferta um estudo circunstancial a desencarnados errantes que perambulam no lar, recusando o encaminhamento oferecido por uma equipe espiritual e insistindo em ficar no ambiente terreno, em meio aos encarnados. Eles adentram displicentemente os lares conhecidos ou desconhecidos, uma porta fechada não lhes oferece resistência, penetram a matéria porque são Espíritos desmaterializados.

A reunião evangélica familiar provoca as seguintes reações nos Espíritos: alguns fogem por incompatibilidade moral, o que reverte em higienização local; outros param para ouvir o que os familiares leem, comentam e sentem, passando alguns a frequentar a modesta reunião naquele lar onde se sentem bem, aprendem e se preparam para aceitar, mais tarde, a continuidade daqueles estudos na Espiritualidade. Daí a imprescindível disciplina de dia e horário para essa singela reunião familiar.

Capítulo *Oito*

Anos Dourados do Espiritismo

Dentro dos ensinos do espiritismo, há interessantes verdades que podem ser esmiuçadas pelo leitor interessado na vasta literatura espírita, não se esquecendo que são cinco obras básicas de Allan Kardec. O aspirante a adepto do espiritismo que não estudou pelo menos *O Livro dos Espíritos* e *O Evangelho segundo o Espiritismo* não pode afirmar ser espírita, mas simples admirador de preleções evangélicas, um assistido que recebe a terapia dos passes nas Casas Espíritas.

Está chegando a hora de os "papa-hóstias" ou "papa-passes" reconhecerem que precisam dispor-se a aprender, principalmente sobre si mesmos, auxiliados pela doutrina reveladora; perguntarem-se como vai a autoestima ou autoamor; se não estão esquecendo de si, desnorteados com os sofrimentos morais, sem saber o que fazer; em que precisam melhorar moralmente ou capacitar-se pelo aprendizado.

Nos cinco anos de estudos, nossos protagonistas adquiriram conhecimentos e fizeram a iniciação espiritual para se tornarem discípulos de Jesus no mundo, levando o conforto espiritual e, numa emergência, também o auxílio material ao próximo, conforme a máxima de Jesus: "Amar a Deus acima de tudo e ao próximo como a si mesmo".

Os novos discípulos, principalmente, tornaram-se melhores, mais educados, serenos, sensatos, seguros, confiantes também nas próprias capacidades, em uma palavra: sentiam-se amados.

Eles faziam constante exercício de autoconhecimento de suas tendências a vícios e defeitos, para os ajustamentos necessários em suas vidas. Essa ação transformadora na conquista de mais qualidades ou virtudes faz com que a criatura mude até mesmo a personalidade, refletindo também no comportamento, e todos a seu lado percebem a mudança para melhor.

Porque é preciso ser melhor para servir ao Cristo na pessoa do nosso próximo, não se pode admitir o auxílio baseado nos ensinamentos de Jesus sem que o discípulo exemplifique. O exemplo discipular ensina e auxilia mais do que as próprias palavras, porque a criatura é o evangelho ao vivo.

Para Helena, foi um período de muita conscientização, como a de reconhecer que os homens são imperfeitos, não há na Terra criatura perfeita, portanto somos carentes de amor e compreensão, porque a imperfeição é proporcional à ignorância. Uma vez tomado conhecimento de sua inferioridade espiritual e da escalada evolutiva que Deus, com amor incansável, espera de cada um, a criatura sedenta de amor e de paz consolida seu potencial irreversível de transformação.

Helena não tinha vício, se bem que começou a fumar quando conheceu o Luís. O movimento feminista a influenciou, na época, a achar que fumando estaria em pé de igualdade com os homens, além de ser ousado charme feminino. Quando sobreveio a primeira gravidez, intuitivamente parou de fumar para o bem do bebê. Não sabia que anos mais tarde ela e Luís agradeceriam a Deus não terem ficado no vício "invencível" em que tantas almas se debatem.

Helena possuía muitas qualidades: amorosa, leal, honesta, trabalhadora, mas aprendeu que precisava trabalhar melhor o controle emocional, moderar os impulsos e não tomar decisões quando emocionalmente agitada. Isso porque, sendo médium, captava tanto percepções negativas como positivas, dependendo da qualidade de sintonia espiritual.

A sensibilidade ou mediunidade desabrochou quando Helena passou a ter um pouco mais consciente o desdobramento espiritual durante o sono, e também acordada percebia seu mentor espiritual, ou anjo de guarda como o povo diz, recebendo seus conselhos amorosos, por escrito. Ela lutava severamente de modo a não ceder a qualquer pensamento maldoso sobre quem quer que fosse, porque esse mal cresce demais com a interferência de Espíritos inferiores. Nos momentos de dificuldades na elevação dos pensamentos, a prece era o seu refrigério, fazendo a terapia do agradecimento de coisas, até as mais pequeninas, para restabelecer o equilíbrio positivo.

Helena aprendeu sobre a importância de respeitar emoções, traumas, pensamentos, sentimentos e sensibilidades dos outros. Viu a importância da serenidade ao analisar uma situação, passando-a sempre pelo crivo da razão e do coração para conseguir ser justa. E, a despeito de ser justa, não se viu no direito de criticar ou julgar o que de fato não conhecesse.

Sentia-se dividida em suas aptidões entre o serviço mediúnico e social, reconhecendo a importância do trabalho em equipe, e quando a família está na equipe o evento é ainda mais gratificante.

Para Luís, foi um período de amadurecimento. Como rapaz conhecedor de necessidades materiais na infância e juventude, privações e obstáculos forjaram nele virtudes de humildade, trabalho e confiança em Deus. Sua vida melhorou materialmente, mas foi previdente, afastando-se de insinuações dos prazeres fáceis.

Investido de certo poder na loja que gerenciava, Luís estava consciente que a autoridade sobre demais funcionários não passava de simples empréstimo favorecido como prova, por Deus. Era brando, educado com todos e em troca recebia disciplina e admiração. Refletiu que jamais deveria evidenciar falhas alheias e, havendo necessidade de orientar melhor um funcionário, deveria fazê-

-lo em conversa particular para não constrangê-lo frente aos demais colegas.

Luís descobriu, em autoanálise, a importância de vigiar a própria língua. Exercitando essa vigilância, optou por mais ouvir do que falar, para não se arrepender depois; falar menos e ouvir mais também freava sua ansiedade e logo contribuía para a conquista da necessitada paz interior. Embora pareça contraditório, Luís observou que silenciando ele podia colaborar mais numa conversação, apenas estimulando as pessoas a expressarem suas ideias. Quando finalmente ele expressasse a contribuição, a moderação no falar já teria sido alcançada.

Ele exercitava com dificuldade a capacidade de perdoar, mas saía sempre vencedor porque, prestativo como era, fazia questão de dedicar-se mais àqueles com quem se melindrara, até que o sentimento mútuo de solidariedade apagasse qualquer mancha em seu coração.

Helena e Luís faziam em casa semanalmente um estudo dos ensinamentos de Jesus, quando ele percebeu necessitar de recolhimento espiritual antes da reunião familiar, pois tinha dificuldade de mudar a sintonia dos pensamentos, desligar-se das preocupações do trabalho para ligar-se no evangelho no lar. Visando a isso, em alguns minutos antecedentes à reunião, ele se dispunha a ouvir música de meditação, sem conversar, para limpar a mente. Luís começou a cultuar o silêncio como oração, a falar pouco, mas com maior qualidade, não podia mais jogar conversa fora nem a pretexto de ser simpático.

Quando o casal estava com a filha recém-chegada, a música suave, orquestrada para meditação, que Luís colocava funcionava como um bálsamo para Mariana, fazendo-a dormir tranquilamente durante aquele colóquio de amor, no estudo evangélico.

Nininha teve bom crescimento espiritual, agora compreendia que antes se isolava em casa, como refúgio para não se perturbar com o mundo lá fora, e que um discípulo do Cristo pode reparar além do seu horto de felicidade, indo ao encontro dos que padecem de desconforto e aflição para ajudar sem se envolver. A própria nobreza do gesto a protegia e amparava para tranquilamente voltar a seu lar onde a luz brilha e mora. Antes de qualquer situação difícil, Nininha erguia o pensamento a Deus buscando inspiração de bons sentimentos e boas palavras; sua mediunidade era intuitiva.

Sempre foi mulher trabalhadeira, servindo à clientela ou ao próximo, sem olhar a quem. Bondosa, leal, honesta, doce, não guardava mágoas no coração. Nada a ofendia e tudo lhe servia como lição de vida. O defeito que mais precisou ser trabalhado foi a falta de cuidados consigo mesma, aprendendo a amar-se, alimentar-se melhor, ir ao médico, fazer o repouso necessário. Na ânsia de concluir uma tarefa, Nininha trabalhava com afinco; quando sobrava tempo, mais trabalho arranjava para aquele intervalo e assim, gostando do que fazia, espiritualmente estava bem, mas o corpo, não. E quando percebia estar esquecendo-se de si, perdendo a autoestima, exclamava:

— Estou sendo bruxa de mim mesma!

O tempo de trabalho tinha de ser bem administrado, era um exercício de determinação, organização e conciliação para delegar tarefas à equipe.

Cabral sentiu-se no caminho certo, desenvolveu o gosto pelos estudos, desejou fazer outro curso para se tornar preletor das lições evangélicas. Era muito agradável ouvir Cabral expor a interpretação de uma lição. Ele tinha o poder de síntese, com objetividade ia tocando corações e ao mesmo tempo estimulando a fé raciocinada.

Sempre foi organizado, sincero, sensato, justo, responsável. Descobriu ter preocupações excessivas com questões que ele mesmo não podia resolver, o problema ficava martelando na cabeça até sobrevir uma enxaqueca. Aprendeu a lutar para sair desse quadro doloroso, descobriu que quando sentisse essa impotência ou contrariedade, devia deixar a questão na mão de Deus.

Sentindo-se também muitas vezes indignado com o atraso moral de algumas pessoas, teve de entender de uma vez por todas que cada um está no grau evolutivo conquistado espiritualmente até agora, e que ele poderia ser mais um instrumento inspirado pelo Alto para levar esclarecimento às pessoas interessadas. Então, Cabral se propôs a passar lições de amor do Cristo de maneira mais popular para chegar aos corações, dando exemplos do cotidiano para ilustrar os temas. Ele chegou à conclusão de que essa diversidade de espíritos não podia ser-lhe prejudicial e sim oportunidade de exercício de amor e testemunho a Deus, continuando a praticar com preleções uma vez por semana na capital.

O leitor há de ver, nesse breve relato de transformação íntima das queridas personagens, que a reforma das próprias inferioridades é força viva para a ascensão espiritual.

Passados alguns anos, os compromissos assumidos a certa altura não nos satisfazem, queremos mais. O coração já não bate como batia antes, de entusiasmo, de alegria. Quando o aluno escolar já sorveu os conhecimentos, as experiências, e não mais vê ali o que possa suprir seus anseios, suspira pela escalada evolutiva, nova situação e oportunidade de aprender mais. Então, vê abrir para sua vida um novo ciclo evolutivo. Assim vai formando sua bagagem que levará na viagem de volta à pátria espiritual. O objetivo nos dois lados da vida é a evolução do Espírito.

Na espiritualidade, como na superfície terrena, os Espíritos andam agrupados por afinidade, a relação homem-sociedade é importante para a autoeducação e o autoaprimoramento.

Nos desdobramentos espirituais, durante o repouso do corpo em sono reparador de energias, os encontros de Helena, Luís, Cabral e Nininha na espiritualidade eram frequentes, porque juntos encetariam novo rumo de tarefas em suas vidas. A assistência material não bastava, queriam agora partir para a assistência espiritual.

Muitos foram os conselhos amorosos e as excursões aonde eram encaminhados durante o sono, para observarem os serviços terrenos, nesse âmbito de atividades, empreendidos na causa do bem e suas dificuldades corriqueiras. Ao despertarem, de nada lembravam, mas estavam marcados pelos ideais de amor e disposição para servir ao próximo.

Um dia, a partir de conversação despretensiosa, mas inspirados no melhor a fazer, o conhecido grupo decidiu realizar, além do estudo evangélico em seus lares, também uma reunião coletiva no mesmo intento.

Primeiramente, escolheram o melhor dia para o estudo coletivo de *O Evangelho segundo o Espiritismo.* Luís e Helena foram à casa de Nininha e Cabral e convidaram o casal Maria Dolores e Simeão com os meninos, que aceitaram a reunião evangélica como uma confraternização familiar de interesse filosófico.

Aos poucos a reunião crescia. D. Rosa passou a estudar com o grupo e, depois de quatro semanas, veio acompanhada do marido e da neta Florinda, já uma mocinha. Alguns amigos, conhecidos e vizinhos simpatizantes, curiosos ou afins também foram chegando ao grupo.

Singela reunião de tarefas definidas, D. Nininha recebia sempre com fraterno sorriso, oferecia água, assento confortável na sala ampla; Luís fazia uma prece de abertura somente quando todos estavam em silêncio, envoltos em música que harmonizava o ambiente e elevava os sentimentos.

Em seguida, Pedro ou Felipe lia em voz alta uma lição de *O Evangelho segundo o Espiritismo* e depois Cabral, com seu jeito sereno e seguro, facilitava o entendimento de todos.

Embora as ideias de imortalidade da alma e vidas sucessivas fossem para alguns ainda discutíveis, os ensinamentos morais de Jesus eram unanimemente acatados como valores morais que realmente devemos colocar em prática no presente e transformarmos nossas vidas para melhor.

Helena, introspectiva, entregava-se confiante ao seu mentor espiritual, via um pouco mais além da lição da noite, sentindo as necessidades espirituais do grupo. Elevada equipe espiritual formou-se para auxiliar durante a reunião. Helena percebia essa movimentação sem saber definir bem, emocionava-se, chorava discretamente. Cabral encerrava a reunião com prece vibrante, almejando paz no mundo, harmonia nas famílias e socorro espiritual de acordo com as necessidades de cada um.

Helena passou a levar um caderno para, se possível durante a reunião coletiva, receber orientação do seu mentor espiritual. E, na primeira mensagem recebida, ele amorosamente a aconselhou a registrar também por escrito sentimentos de outros Espíritos querendo abrir seus corações; após registrar a mensagem, que nenhum vínculo espiritual teria com os encarnados ali presentes, ela logo poderia rasgá-las, jogá-las fora, porque toda a comunicação por escrito, embora desabafo de Espíritos ali presentes, era ainda para ela exercício psicográfico, pois a espiritualidade estudava sua capacidade mediúnica.

Assim Helena o fez: discretamente sentava-se perto dos que a amavam, para receber sustentação, e se dispunha a escrever depoimentos de Espíritos sofredores que se sentiam auxiliados na reunião edificante. Registrava uma ou duas mensagens durante a preleção de Cabral, sentindo ímpeto de ler para o pequeno público as mensagens recebidas, mas contendo-se, pois precisava trabalhar o controle das emoções, a obediência ao mentor, que sabia o que era melhor para ela.

Cabral não imaginava que as reuniões poderiam se tornar interessantes a ponto de as pessoas frequentá-las assiduamente em sua casa. O Brasil vivia um período de renovação e inovação, com abertura para acatar novas ideias, buscar respostas a questionamentos mais íntimos. Cabral emprestava seus livros, indicava leituras e, às vezes, comprava livros na capital, atendendo encomendas. Luís, Pedro e Felipe se predispuseram a organizar, a partir de doações, uma biblioteca coletiva.

Era o ano 1975, quando surgiu a primeira Casa Espírita naquela cidade, embora não oficialmente pública. Os pioneiros do espiritismo no Brasil, nos anos 40-50, muito sofreram perseguições preconceituosas, porque principalmente padres e pastores protestantes julgavam, sem conhecimento de causa, ser obra do demônio abordar a questão sobre almas do outro mundo, insuflando o medo, a repulsa de algo que ignoravam e até confundiam com antigas seitas africanas distantes dos ensinamentos de Jesus.

Todavia, depois da tempestade veio o sol; e os anos dourados, não só do capitalismo, mas do espiritismo também vieram, as Casas Espíritas foram se multiplicando, chegando como a boa nova de Paulo de Tarso ao povo, o Cristianismo primitivo em sua singeleza e doçura; o Espírito da Verdade trazendo o que Jesus disse e não foi compreendido, o que Ele quis ensinar, porém não teve tempo hábil para fazer, o que Ele transmitiu, mas os discípulos não anotaram, e o que registraram e não foi aceito para publicação.

O Espiritismo enriquece a Boa Nova de Jesus com instruções de veneráveis Espíritos estendendo as mãos fraternais, amorosas, reconhecidos de que cresceram espiritualmente com o mesmo esforço e vontade ora empreendidos por nós. Os Espíritos adiantados volvem sua atenção aos retardatários da caminhada para nos ensinar a alcançar, passo a passo, nossa própria ascensão e felicidade espiritual.

Nada se faz sozinho. O trabalho de equipe nos foi exemplificado há dois mil anos, quando Jesus preparou seus discípulos para serem homens de bem, para difundir aos outros a mesma orientação que norteou suas vidas. Cabral, Nininha, Luís e Helena foram preparados, na Terra e no céu interior, por assim dizer, para ser parte dos modernos discípulos na continuidade da missão de Jesus.

Onde estiverem dois ou três reunidos em meu nome, aí estou eu no meio deles – disse Jesus. Uma equipe espiritual sob a égide de Jesus não poderia faltar naquela reunião na casa de Cabral, onde se encontravam discípulos de boa vontade e amor ao próximo conduzindo os participantes, encarnados e desencarnados, à luz da mesma predisposição espiritual e, ao mesmo tempo, encontrando paz, entendimento e fé.

Cabral, durante a noite de sono, era inconscientemente levado a ouvir conselhos, agora não só de seu mentor individual, o Espírito que o acompanhava na Terra desde seu nascimento, mas também do mentor de tarefa coletiva responsável espiritualmente pela reunião ao todo. Eugênio era o nome do dirigente da equipe espiritual de assistência coletiva. Ele inspirava Cabral nas preleções evangélicas, nas respostas aos questionamentos dos participantes para que ele, sem conhecer de fato as aflições íntimas nem o grau evolutivo de cada um, assim mesmo atendesse ao que os participantes precisavam ouvir.

Na maioria das vezes Cabral nada recordava ao amanhecer, tinha sonhos como muitas pessoas têm, em quadros desordenados, retalhos mentais sem importância, felizmente logo esquecidos. Entretanto, às vezes, Eugênio lhe marcava a lembrança pela fixação mental de algum quadro simbólico, uma cena de sonho inesquecível, que lhe tocava o coração.

Certa vez, Cabral despertou com a nítida impressão de ter as duas mãos cheias de massa leve e sutil. Ao fixar de perto o olhar, viu pessoinhas em miniaturas movimentando-se em suas mãos, que as sustentavam com carinho. Um sentimento de responsabilidade, dedicação, coragem – em suma, de amor – que ele mesmo desconhecia o envolveu, fazendo-o desejar que aquelas almas não caíssem de suas mãos, para não perder nenhuma.

Essa comunicação simbólica marcou espiritualmente Cabral sobre a importância de sua tarefa, porque se recebia tal lembrança, era por não estar sozinho. Foi Helena quem lhe deu a confirmação de que o grupo contava com uma equipe espiritual, pois as mensagens psicografadas afirmavam haver a presença de Espíritos amorosos que permitiam os Espíritos sofredores ali aportarem para aproveitar os esclarecimentos e a elevação de que poderiam usufruir.

E ainda, acrescentou Helena ao pai, alguns Espíritos frequentavam as reuniões assiduamente, enquanto outros eram levados amorosamente pelos "enfermeiros" a outro local, para receberem socorro espiritual específico. Após essa confirmação, Cabral, na oração de encerramento da reunião, passou a estender a mesma vibração de paz, compreensão e amor também para nossos irmãos do outro lado da vida.

A reunião era fraterna e amiga, um convite à reflexão e novas disposições espirituais que perduravam por toda a semana. Com os automóveis estacionados, não era mais possível desconhecer que na casa de Cabral e Nininha havia uma reunião semanal à noite. O convite para a reunião era feito pelos próprios participantes, após solicitarem permissão para trazer mais uma pessoa, e certamente essa era a referência de que o visitante não era de todo desconhecido.

Na vizinhança, não faltou criatura cristalizada em suas crenças, que, numa fé cega, facilmente se entregou às abundantes negatividades das quais em geral a humanidade se alimenta, principalmente o medo, para facilmente denegrir o que não conhece. Foi então que um vizinho, ex-militar aposentado, voltou-se contra a continuidade das reuniões, "onde pessoas desgarradas de Deus (leia-se: desgarradas da Igreja) se reuniam por obra do satanás". Foi dada uma queixa à delegacia, que ficou de apurar o caso.

No Brasil, durante o império, a religião do país era Católica Apostólica Romana. Com o advento da primeira Constituição da República, em 1890, o país passou a ser um Estado laico, desconstituindo o vínculo entre a política e a igreja católica. Embora o Brasil consagrasse ampla liberdade de crença e cultos religiosos, isso ficou somente na teoria. Inúmeros foram os casos de imposição religiosa à população e de preconceito e perseguição a adeptos de outras escolas religiosas.

Nos anos dourados do espiritismo, o direito à laicidade, constitucionalmente protegido, o respeito às diferenças, a não imposição de religião e a justiça de não haver privilégios para ninguém atingiram sua culminância.

Durante a semana, surgiu frente ao portão da casa de D. Nininha um jovem militar à paisana, pedindo informação sobre uma reunião espírita que ali havia. Ela o informou do dia e horário, porém acrescentando tratar-se de reunião familiar e com amigos para estudo do Evangelho, nada mais.

Ele disse desconhecer quem ali frequentava, somente soube tratar-se de pessoas amenas e educadas, quis saber mais e sentiu enorme vontade de conhecer o estudo. Assim, ficou marcado de ele ali comparecer.

Naquela noite, Cabral soube que um rapaz desconhecido estaria presente na próxima reunião e propôs à Nininha que ambos mantivessem o pensamento altruísta, pois as portas estavam sempre abertas em nome de Jesus. Assim, confiantes no auxílio divino, o rapaz certamente encontraria o que vinha espiritualmente buscar.

Quando a reunião estava prestes a começar, chegou o rapaz e todos os olhares se voltaram para ele. Habitualmente, cada recém-chegado seria apresentado, ficou meio esquisita a entrada dele sozinho. Então Cabral mencionou em voz alta:

— Seja bem-vindo meu rapaz! Qual é o seu nome?

E ele respondeu sorrindo:

— Manuel.

Todos silenciaram, a música que pairava no ar convidava ao recolhimento espiritual e à prece. Luís começou a dizer:

— Boa noite, queridos companheiros! Vamos agradecer a Deus pela oportunidade bendita de estarmos reunidos em nome de Jesus para aprendermos um pouquinho mais sobre Seus ensinamentos. Agradecer o aconchego espiritual desse momento com nossos mentores individuais, o Espírito amigo de todas as horas, que nos protege e inspira os melhores pensamentos e sentimentos, eliminando o que não condiz com o bem. Que assim, mais receptivos às bênçãos do Alto, nós tenhamos uma reunião harmoniosa e proveitosa, elevando nossa gratidão aos benfeitores e ao dirigente espiritual da reunião, a Jesus, nosso Mestre e ao Deus de amor e misericórdia, que o Cristo nos ensinou a chamar de Pai. E assim, com a prece ensinada por Jesus elevemos nosso preito de gratidão: "Pai Nosso que estais no Céu...".

Pedro abriu O Evangelho segundo o Espiritismo, capítulo II, "Meu reino não é deste mundo", em Instrução dos Espíritos, item 8. Leu pausadamente, em voz alta, o depoimento de um Espírito que na Terra fora rainha:

Quem melhor do que eu pode compreender a verdade destas palavras de Nosso Senhor: "O meu reino não é deste mundo"? O orgulho me perdeu na Terra. Quem, pois, compreenderia o nenhum valor dos reinos da Terra, se eu o não compreendia? Que trouxe eu comigo da minha realeza terrena? Nada, absolutamente nada. E, como que para tornar mais terrível a lição, ela nem sequer me acompanhou até o túmulo! Rainha entre os homens, como rainha julguei que penetrasse no reino dos céus! Que desilusão! Que humilhação, quando, em vez de ser recebida aqui qual soberana, vi acima de mim, mas muito acima, homens que eu julgava insignificantes e aos quais desprezava por não terem sangue nobre! Oh! Como então compreendi a esterilidade das honras e grandezas que com tanta avidez se requestam na Terra!

Para se granjear um lugar neste reino, é necessária a abnegação, a humildade, a caridade em toda a sua celeste prática, a benevolência para com todos. Não se vos pergunta o que fostes, nem que posição ocupastes, mas que bem fizestes, quantas lágrimas enxugastes.

Oh! Jesus, tu o dissestes, teu reino não é deste mundo, porque é preciso sofrer para chegar ao céu, de onde os degraus de um trono a ninguém aproximam. A ele só conduzem as veredas mais penosas da vida. Procurai-lhe, pois, o caminho, através das urzes e dos espinhos, não por entre as flores.

Correm os homens por alcançar os bens terrestres, como se os houvessem de guardar para sempre. Aqui, porém, todas as ilusões se somem. Cedo se apercebem eles de que apenas apanharam uma sombra e desprezaram os únicos bens reais e duradouros, os únicos que lhes aproveitam na morada celeste, os únicos que lhes podem facultar acesso a esta.

Compadecei-vos dos que não ganharam o reino dos céus; ajudai-os com as vossas preces, porquanto a prece aproxima do Altíssimo o homem; é o traço de união entre o céu e a Terra: não o esqueçais. (Uma Rainha de França, Havre, 1863)

Após a leitura, fez-se uma pausa silenciosa.

Cabral explicou que viveu uma rainha na vida terrena e, com a morte do corpo, o Espírito sobreviveu, pois morte é falência apenas da organização carnal; nós, Espíritos encarnados ou não, somos imortais. O corpo, por lei divina, é matéria que com a morte desintegra e transforma-se na natureza em pó; o Espírito, que habita o corpo desde o reencarne, com a morte do corpo se liberta e volta à vida espiritual, de onde veio. Na Erraticidade, o Espírito observa como atuou e avalia o que aprendeu com a recém-finda existência.

Um companheiro perguntou, ansioso:

— Qual a verdadeira vida?

— A vida espiritual – respondeu Cabral, convicto — é eterna, enquanto que a terrena é temporária, como um palco onde somos convocados a atuar em determinado papel e a nos relacionar bem com os familiares, amigos e outros "coadjuvantes", atuação essa de trabalho, estudo, provas, expiações para sairmos vitoriosos após "fechar a cortina" (a morte do corpo).

Essa ex-rainha, continuou Cabral, um Espírito que aprende com os próprios erros, transmitiu, por meio da mediunidade de um encarnado, a mensagem sobre sua situação espiritual. Em seu depoimento ela nos adverte ser ilusão determo-nos na posse e no orgulho do que temos por empréstimo divino, que após a experiência terrena deixaremos tudo e, na "viagem" de retorno à pátria espiritual, levaremos na bagagem somente nossas qualidades intelecto-morais e sentimentos nas ações no bem.

A riqueza é uma das provas terrenas mais difíceis porque, iludido nos gozos terrenos sem limites, como que entorpecido, o Espírito tem dificuldade de se colocar no lugar dos outros que sofrem de necessidades básicas. Administrar a própria vida já é difícil, imagine administrar a riqueza.

Na realização de projetos naturais e sociais, possibilitando ações ecológicas, estudos científicos, oferecendo emprego, elevando a educação, a riqueza é poderosa alavanca para auxiliar o Estado que não consegue abarcar todos esses cuidados, ou realizar sonhos altruísticos que promovam o bem, mesmo que em longo prazo.

Estou certo de, aqui entre nós, não haver ricos que devam se preocupar para não errar, como esse Espírito que teve a prova difícil da riqueza, mas é um convite para analisarmos se não estamos equivocados, alimentando posse e orgulho do que nos é dado temporariamente.

Fez-se silêncio. E Cabral continuou:

— Quando compreendemos que o que fazemos hoje vai repercutir em nossa vida futura, mudamos alguns pontos de vista sobre certas questões terrenas. Deus não nos condena os gozos materiais, mas o abuso em detrimento das coisas espirituais. Os bens terrenos são elementos que exercitam nosso progresso moral; podemos usufruir bens materiais sem dar-lhes desenfreada importância, sem apego, sem sentimento de posse.

Quando um ente querido parte para a Espiritualidade, não sejamos nós a deter em mãos seus pertences a pretexto de recordação. Vamos doar suas roupas e utensílios para pessoas carentes, desvencilhando-nos de todo hábito que leve ao apego material. Pela oração, vamos falar à saudosa criatura amada, desejando-lhe o bem onde esteja, recordando acontecimentos felizes durante sua estada terrena, suas palavras, seus gestos, até suas manias.

Alguns ouvintes expuseram o que sentiram com relação à partida de alguém. Depois, Cabral voltou ao foco do tema:

— Examinando nossa realidade, essa lição nos faz pensar que há muita gente se achando superior ao seu irmão, somente porque possui uma cor de pele diferente. Que desilusão! Que humilhação quando, em vez de ser recebido na espiritualidade qual soberano pela cor da pele, ver acima de si, muito acima, homens para ele insignificantes e aos quais desprezava por não terem sua cor de pele "nobre"! Oh, como então compreender a esterilidade dessa honra, dessa mania de grandeza?

O corpo é um bem material, um empréstimo divino que abandonamos na terra como quem abandona sua casa onde morou por muitos anos, não importa se a casa era vermelha, branca, preta, amarela. O Espírito usa o corpo para expressar-se na vida terrena. Após o desencarne, o corpo não lhe serve mais. O que vai ser avaliado será o Espírito, como foi seu relacionamento com as almas que por providência divina cruzaram seu caminho, conviveram, foram colocadas juntas.

Não tenhamos vaidade com a posse de nossos dotes físicos porque "amanhã", na próxima existência terrena, poderemos reencarnar com a cor de pele que em vida passada desprezamos e então sentir o sofrimento de nossos irmãos vítimas de preconceitos, abusos, perseguições.

Vamos analisar, companheiros, outro exemplo de posse e orgulho vãos, que nos embaça o olhar e congela os sentimentos: há muita gente pensando ser superior por paixão nacionalista. Parafraseando ainda, que desilusão! Que humilhação quando, em vez de ser recebido na espiritualidade qual soberano patriota, ver acima, mas bem acima, homens para ele insignificantes e aos quais desprezava por não serem de um país que não o seu! Oh! Como compreender o nacionalismo criminoso que arrebata a juventude promissora nos campos de batalha, para o orgulho da pátria amada, que semeia a dor, o ódio nos corações de outros povos.

Não faltou a participação dos ouvintes, com comentários analíticos e políticos.

— O que mais vem em nosso pensamento para podermos juntos analisar?

Uma voz no pequeno público soou:

— A posse do saber!

— Que desilusão! - exclamou Cabral, sorrindo. — Que humilhação quando, em vez de ser recebido como sábio, ver acima, mas muito acima, Espíritos muito mais esclarecidos que pacientemente nos ensinam, respeitando nossas limitações. Como não podemos nos envaidecer na posse deste ou daquele conhecimento, na verdade gotas de luz na imensidão. Precisamos ser humildes para merecermos mais luz do esclarecimento, e o pouco que aprendermos saibamos compartilhar com o próximo, não guardar só para nós.

Basta o "dedo" de Deus, em um acidente ou doença, para paralisar a manifestação do Espírito num corpo que, estropiado, não lhe atende mais.

Um interessado ouvinte inquiriu:

— O Espírito pode perder todos os seus conhecimentos?

— Não, não perde - afirmou Cabral categoricamente. — Um corpo cuja organização tenha sido abalada de modo a não mais atender suas funções como instrumento de comunicação do Espírito é como o motor de um carro que não funciona e o motorista não consegue movê-lo. O Espírito está de posse de sua bagagem de conhecimentos, o que aprendeu está com ele, mas ele não pode se manifestar na vida terrena se o corpo não funciona como ele necessita. Mesmo num corpo deficiente, com os cuidados que recebe, o Espírito pode aprender muito, aprendizado esse pequenino, minucioso, que às vezes ele não perceberia se estivesse totalmente capacitado para manifestar-se intelectualmente. Após o retorno à pátria espiritual, o Espírito liberto do corpo estropiado conseguirá manifestar os conhecimentos adquiridos na vida espiritual e terrena, quando receber pela reencarnação um novo corpo.

Observem, amigos, como o depoimento de um Espírito, que na espiritualidade tem mais olhos de ver, pode nos ajudar a não repetirmos o seu erro, não sofrermos a sua desilusão.

Essa mensagem nos compadece, porque um Espírito desencarnado sofre por não ter encontrado a paz, o amor, a felicidade que esperava. Quantos Espíritos estão na mesma situação? Muitos, mas muitos mesmo. São aqueles que erraram não só por orgulho e apego material como também por vaidade, egoísmo, indiferença às dores alheias, desrespeito aos sentimentos dos outros.

Esta reflexão que aqui fazemos juntos nos auxilia a não virmos a padecer futuramente.

Como podemos favorecer nossos irmãos que sofrem na Espiritualidade a desilusão corretiva, o aprendizado com os próprios erros? E se estivéssemos em seus lugares, o que gostaríamos de receber?

— Forças para recomeçar em outra vida! – nova voz contribuiu.

— Bravo! É isso mesmo, o Espírito precisa de força, coragem, esperança para encetar nova empreitada reencarnatória, uma peleja para vencer a si mesmo, provar que realmente está aprendendo, expiar o mal que fez a si próprio e aos outros. Não é fácil!

Então nós, passíveis de erros semelhantes, embora façamos o esforço contínuo de nos melhorarmos, vamos incentivar os irmãos em sofrimento a buscarem forças espirituais para a almejada renovação, incentivo em forma de energia que parte de nossos corações quando nos compadecemos dos sofrimentos alheios, quando desejamos a mesma felicidade que buscamos.

Após uma pausa, Luís fez soar suave melodia e, nesse recolhimento espiritual, Cabral conduzia as vibrações amorosas:

— Vamos, primeiramente, sentindo gratidão! Gratidão por tudo que somos, por tudo que recebemos, pelo alimento e todos os elementos da natureza que nos auxiliam na caminhada evolutiva. De corações abertos vamos entrando em sintonia com o Sagrado, a Força Divina, a união com Deus. Envolvidos em Seu amor incondicional e imorredouro nos renovamos espiritual e fisicamente, de maneira que possamos nos doar, oferecendo nossos mais doces sentimentos que, em forma de energia, são recolhidos pelos Espíritos benfeitores a fim de distribuí-los à distância e levá-los aos Espíritos necessitados de força e luz para o reencarne com tarefas redentoras. Vibremos também por aqueles que já reencarnaram, para que cumpram as tarefas definidas antes de aqui chegarem. Vibremos amorosamente por nossos familiares e amigos dos dois lados da Vida, visualizando-os sorrindo, já recebendo amor, fortalecimento espiritual, paz e luz.

Vibremos por nós mesmos, encarnados, para que possamos aprender cada vez mais a colocar em prática o que estamos aprendendo com Jesus. Rogamos ao Criador forças para eliminar nossos defeitos e conquistar qualidades inéditas em nós. Que possamos, sobretudo, suportar o carma de expiações e sofrimentos que nos libertam de dívidas passadas e que, vigilantes também, não percamos a beleza da prova dada a nós para testemunho de amor e possamos cumprir na Terra tudo o que o Pai espera de nós.

Que tenhamos uma semana harmoniosa, útil e que em nossos lares reinem a paz, a concórdia, os familiares unidos, ajudando-se mutuamente, empregando bem o tempo no trabalho, na leitura edificante, no relacionamento pessoal. Graças a Deus e a Jesus!

A seguir, após breve intervalo, passaram à segunda parte, opcional, onde entre os participantes um leitor comentava a obra espírita que leu, fazia um resumo, mencionava ou lia trechos notáveis; outros que já leram a mesma obra contribuíam com a lembrança de algum dado e, se ainda houvesse algo não bem compreendido, logo seria esclarecido com a troca de ideias. Havia, assim, um estímulo à leitura e maior esclarecimento para evitar o que ocorre em muitas bibliotecas nas Casas Espíritas: o assistido leva um ou dois livros e logo que encontra um trecho difícil para seu entendimento larga a leitura e devolve o livro sem ter lido.

Essa parte da reunião era animada, com a liberdade de todos se expressarem e, em meio a essa alegria, o leitor aprendia a aprender com a leitura. No final, todos se abraçavam em fraterna conversa.

Capítulo Nove

Disciplina, disciplina disciplina

Eram 23 horas. D. Nininha fechou a porta de sua casa com a saída do último participante da reunião, Manuel. Ele permaneceu até o fim, para esclarecer ao casal que havia uma queixa da vizinhança. Nininha e Cabral ficaram tristonhos, mas foram orientados seguramente por Manuel, que se predispôs a fazer a visita não só como investigação mas também por interesse aos ensinamentos espíritas.

Ele esclareceu que, por lei, havia plena liberdade de crença e que, conforme testemunhou, não estavam prejudicando a ninguém, ao contrário. No entanto, precisavam analisar em que de fato estavam incomodando os vizinhos.

Chegaram juntos a concordar que os frequentadores saíam da reunião qual um bando de pássaros a pipilar contentes. Havia disciplinarmente hora de começar a reunião, mas de fato não havia hora para terminar porque, por conta da amizade, muitas vezes era nitidamente percebido que pessoas não tinham vontade de ir embora.

— É preciso uma disciplina no horário, para que às 22 horas haja silêncio total na vizinhança. O ideal seria terminar às 21h30, dando margem de tempo para vozes de despedida, batimento de portas e ruído de motores de veículos etc. – gentilmente Manuel dizia, visualizando o melhor a fazer.

D. Nininha arriscou opinar que a biblioteca poderia funcionar somente até começar a preleção evangélica, assim poderiam ter a disciplina de encerrar a reunião às 21h30. Cabral ainda ponderou que explicaria ao grupo a importância de não incomodar os vizinhos.

Manuel despediu-se satisfeito de ter cumprido seu dever, Cabral e Nininha também ficaram porque aquela visita lhes revigorava a importância da disciplina.

Foram dormir e, no sono reparador, os emissários divinos os auxiliaram a desprender-se do corpo carnal, que permaneceu em protegido repouso no leito, para deslizarem espiritualmente ao encontro de Eugênio e seus abnegados auxiliares.

Ao despertar, Cabral teve a nítida lembrança de um Espírito, com semblante sereno e sorriso amigável, ter mostrado a princípio um mapa cujo contorno era do Brasil e sobre ele piscava suavemente como que fraca luz de neon, em letras garrafais, "Ordem e Progresso", o que imediatamente fez Cabral voltar-se para a importância desta frase, não por acaso inserida em nossa bandeira nacional.

No mapa havia vários pontos de luz. Parece que telepaticamente Cabral entendeu que cada ponto luminoso era onde pessoas se convergiam para o estudo e a prática dos ensinamentos de Jesus, que, acrescidos da nova revelação espírita, expandiam consciências.

E Cabral sentiu que sua casa era um dos pontinhos de luz!

Emocionado, viu entre outros grandes papéis expostos agora uma espécie de esboço de amplas atividades a serem empreendidas ainda em sua casa, como que uma "miniatura" da bendita Federação Espírita onde ele começou a aprender o abc da doutrina reveladora, ou da Aliança Espírita Evangélica, que surgia comungando os mesmos ideais. O grupo poderia contar com o auxílio da espiritualidade para a terapia de passes e o estudo iniciático do espiritismo e preparar homens para serem futuramente multiplicadores de "pontos de luz".

Cabral, na manhã seguinte, dialogava com Nininha, que estava "familiarizada" com o que ele expunha, parecendo que o tema a despertava para uma lembrança esquecida. Andaram pela residência, visualizando num dos antigos quartos das "meninas" a sala de passes, onde os assistidos receberiam energias magnéticas como auxílio ao equilíbrio espiritual para a conquista de sua ascensão.

Marcaram reuniões extraordinárias, a princípio com Helena e Luís, mas por interesse em ajudar logo estavam Simeão, Maria Dolores e os meninos. Manuel também foi convidado e depois acabaram constatando que ainda outros eram como da família, necessitando-se reciprocamente, como verdadeira equipe de trabalho.

Cabral e D. Nininha decidiram mudar-se para pequeno apartamento, doando sua casa inteiramente às atividades espirituais, pois eles pertenciam ao rol de Espíritos realmente comprometidos com a causa do bem. Para eles, os assistidos ao serviço de amor não seriam requestados de modo constrangedor a contribuir materialmente.

O casal não queria que o lado material nublasse a beleza da prova. As pessoas podem ser assistidas sem nunca ter de contribuir, porque a causa do bem implica, sobretudo, a caridade de servir sem pedido de retribuição. Questão essa puramente consciencial, eles recebiam algumas contribuições espontâneas para manutenção.

Depois de alguns meses, Maria Dolores e Simeão estavam na recepção aos convidados. Os jovens Pedro e Felipe cuidavam sozinhos da biblioteca. Manuel teve permissão de montar pequena livraria, porque as pessoas ansiavam não só ler livros por empréstimo, porém obtê-los para emprestar aos familiares e amigos distantes ou dá-los de presente a simpatizantes. Todos, sem exceção, precisavam de O Evangelho segundo o Espiritismo para instituir no lar o hábito do estudo, instaurando a harmonia familiar.

Nininha e Helena aplicavam o passe com fé e devotamento.

A equipe terrena, inspirada pela equipe espiritual, observou que, quando no começo foi instituída a reunião evangélica coletiva naquele lar, os participantes foram movidos por simpatia, interesse em aprender, afinidade espiritual, em suma, por amor. Entretanto, outros ali chegavam não por amor, mas pela dor, divina mensageira que desperta as criaturas para as coisas espirituais.

Então houve a necessidade de alguém sigilosamente atender o assistido, pela primeira vez visitando a Casa, que confiante abria seu coração em desabafo, para seguidamente receber orientação à luz da doutrina consoladora. Havia quem padecia com a morte de um ente querido; quem via "fantasmas" e ficava aterrorizado; pessoa tomada de desânimo com ideias suicidas; casais com conflitos conjugais e outros problemas.

Cabral e Luís dispuseram-se à essa entrevista de atendimento fraterno, em outro cômodo da residência, antes da preleção evangélica.

A conversa pairava em aliviar os sofrimentos alheios com conselhos amorosos à luz de esclarecimentos espíritas. As verdades reveladoras conseguiam matar a antiga ideia da morte para, em seu lugar, ficar o entendimento de que a alma não morre, suas vestes carnais ficaram rotas e imprestáveis, mas o Espírito querido simplesmente viaja para outra dimensão. E que, no desdobramento espiritual durante o sono diário, o encarnado até poderá visitar o Espírito desencarnado, se houver equilíbrio emocional, permissão divina e utilidade para isso, o que se consegue primeiro compreendendo a sabedoria de Deus.

As pessoas que de fato recebiam um chamado divino, por meio de manifestações de fundo mediúnico, como ver vultos ou escutar vozes de Espíritos, eram estimuladas a, sem medo, inteirar-se do assunto, buscar esclarecimentos, estudo, educação mediúnica, tudo o que ali poderiam encontrar.

O desânimo é a quebra da vontade e, quando a vontade quebra, forma-se uma brecha onde vibrações negativas, malsãs, penetram, desorganizando a casa mental da criatura enfraquecida. Basta uma retomada de força para fechar essa brecha e revigorar a vontade de ser útil, aprender, crescer espiritualmente. Então, o esclarecimento evangélico, associado à aplicação de passes em série, harmoniza o Espírito que, robustecido de amor, passa a reter pensamentos positivos e saudáveis.

Conflitos conjugais são desencadeados por desamor. O convite amoroso do Cristo aos seus ensinamentos visa exercitar-nos à capacidade de amar, dando-nos o roteiro para construirmos a relação de paz, respeito, compreensão, amizade que uma vida conjugal exige. O amor é um sentimento que cresce a cada dia em nosso coração, regado com o orvalho luminoso do entendimento e da concórdia.

Bem, vou poupar o leitor e não discorrer aqui sobre o crescimento espiritual da Casa em relação ao número de assistidos, aprendizes, voluntários e atividades espirituais, porém quero frisar que a conscientização de não mais repetir o igrejismo, a ostentação antiga de templos materialmente ricos, suntuosos, devolve não só a singeleza do cristianismo primitivo, como também reverte as doações recebidas em favor do próximo.

Era chegado o momento planetário de começar a habitar um número populacional bem maior do que outrora, não se podia ignorar a carência de famílias inteiras sofrendo por eventual desemprego, doença ou morte de seu mantenedor. Muitos Espíritos estavam aceitando reencarnar em condições misérrimas em prol de seu burilamento espiritual, esperando contar com a piedade humana para sobrepujar as dificuldades e encetar um rumo em suas vidas, principalmente retendo em suas almas os bons exemplos alheios.

Há que diferençar entre assistência material e assistência espiritual.

Pode acontecer de a Casa Espírita ficar cheia de ouvintes somente interessados no que vão ganhar materialmente, como que "batendo o ponto" para serem merecedores de cesta básica, roupas usadas, brindes, favores e até festas que marcam o calendário pagão. Ora, é preciso separar as coisas; assistência material nada tem a ver com religião. É solidariedade. Praticar essa solidariedade é também algo que se deve aprender numa escola religiosa.

A Doutrina Espírita é uma escola. Os modernos discípulos de Jesus saem dali para semear o bem, a ajuda, conforme as necessidades do próximo. Começam com o mais próximo, no próprio lar, depois vão expandindo esse bem-querer à comunidade até onde podem doar. O trabalho em equipe não sobrecarrega ninguém, obtém-se mais recursos mantendo o ideal de servir. Nem todos os aprendizes da Doutrina dos Espíritos estarão espiritualmente capacitados a servir dentro da Casa Espírita, que requer aptidão para estudo constante, ideal, comprometimento doutrinário.

É muito gratificante exercer fora da Casa Espírita a caridade que se aprende. A prioridade da criatura terrena ainda é o alimento do corpo; gente de estômago vazio se desespera, não consegue se concentrar nas coisas mais sutis, como os bons sentimentos.

Quando está em seu momento espiritual de buscar respostas para questionamentos íntimos, a criatura vai espontaneamente a uma Casa onde se sente bem, porque entende o que está sendo passado e há vontade de praticar o que vem aprendendo.

A obrigatoriedade de vincular a assistência material com a religião é recurso inócuo e obsoleto.

Pedro e Felipe desenvolveram o hábito da leitura de obras espíritas, o que veio a facilitar a interpretação de textos escolares. Os adolescentes contavam quatorze anos, tinham mais interesse pelos ensinamentos espíritas do que muitos adultos renitentes em seus defeitos, resistentes em atender o chamado divino transformador. Isto porque os jovens estavam em fase de formação, e tudo flui com mais facilidade.

Observador das capas dos livros, Pedro era "chamado" a ler primeiro pela capa, depois pela sinopse. Muitas vezes, o conteúdo da leitura dava-lhe a ideia de que a obra merecia outra capa, muito mais representativa, e assim Pedro sonhava, abstraía-se, o que era comum naquela idade, em sonhos coloridos. O leitor sabe da inclinação do jovem por desenho e pintura, desde a existência pregressa e não seria por acaso que mais tarde ele viria a capacitar-se numa profissão que atendesse à sua vocação.

Os adolescentes passam por uma alteração hormonal que favorece o aparecimento de acne no rosto, no peito, nas costas, o que muito incomoda na aparência, porque apresentam os cravos, pontos pretos na pele, e também espinhas pustulentas que, se o jovem as espreme com as unhas, ficam sangrando, podendo deixar cicatrizes na pele.

Além da acne juvenil, diferente de Felipe, Pedro ainda sofria pelo súbito aparecimento de furúnculos com excesso de pus, necrosando a região central, formando um carnegão de difícil retirada e dor, localizados ora na virilha, debaixo do braço, na barriga da perna, sendo que em duas ou três semanas melhorava de um para aparecer outro. Pedro observava o que comia, porque realmente, às vezes, aumentava ainda mais a oleosidade da pele e também a afecção.

Certo dia, Pedro, na biblioteca, selecionava livros espíritas doados não só por assistidos da Casa, mas por parentes e amigos, sendo os livros não espíritas repassados a um sebo, ali perto.

Ele se deteve com um livro, indeciso, e finalmente não o entregou ao sebo; preferiu ler a obra sobre hatha yoga, do Prof. Hermógenes, aquele mesmo livro que Marina emprestara a Helena e agora, quatorze anos depois, estava nas mãos de Pedro. Será que o livro iria ficar rolando, inutilmente?

Não, um livro que traz luz de esclarecimento deve sempre estar circulando de mão em mão, para que a providência divina o encaminhe às mãos daqueles que têm interesse em lê-lo. Mesmo um livro espírita emprestado e não devolvido está predestinado a cair em outras mãos e dilatar a fé e o amor nos leitores. Um livro fica intocável na estante somente porque pessoas apegadas materialmente não lhe destinam seu papel.

O que mais chamou a atenção de Pedro não foi o mesmo que chamou a atenção de Marina nem de Helena. O autor falava da importância da alimentação vegetariana e o jovem rapaz, sensibilizado, desejou ardentemente tornar-se vegetariano, o que não interessou aos demais familiares.

Ele viu que teria de lutar para conseguir esse intento, pois estava acostumado à alimentação de carne. Quando a tia começava a fritar bifes, dava-lhe água na boca, corria para o quintal e lá ficava refletindo sobre a importância de não mais comer a carne dos animais a pretexto de alimentação, afinal não lhe faltavam alimentos saudáveis e saborosos. Era um sofrimento que não despertava lamentações e essa forte resolução era um sinal de progresso.

Depois de seis meses sem comer carne de porco, de vaca, de aves e peixes, Pedro estava enfraquecido, com anemia profunda. Sua alimentação era arroz com ovo frito, arroz com tomate, arroz com batata frita. Gostava de feijão, porém não comia, porque nele havia pedaços de toucinho defumado ou linguiça de lombo de porco. Pedro foi repreendido pelos pais, tios, avós e até pelo médico; não podia mais ser "enjoado" para comer.

O jovenzinho humildemente não percebia a falta de apoio dos adultos, nem dos evangelizados! Desanimar os outros nas santas aventuras do bem é um grande pecado diante de Deus.

Pedro começou a receber mais atenção na alimentação para vencer a anemia, mais legumes e folhas verdes, mais frutas e vitaminas. Voltou a comer carne somente para agradar a família, mas teve que ser exigente:

— A carne de porco, não! Porque se a gente é o que come, o que o porco come eu não quero para mim – afirmou, triste e convicto, tocando os corações queridos de comiseração diante de sua infelicidade.

O tempo foi passando e Pedro experimentava legumes, folhas e frutas que nem conhecia, foi tomando gosto, formando sua preferência não só por prazer, mas também pelo efeito: há alimentos que prendem, outros que soltam o intestino. Admirou-se, pois antes dessa atenção alimentar, ficava sem evacuar dois ou três dias. Como é que pode? Se ele ingeria alimentos quatro até cinco vezes por dia, logicamente todo dia deveria descarregar o intestino!

Quando ia às compras com a tia, interessou-se em saber melhor sobre alimentos integrais, nos quais poderia haurir maior vitalidade, passando a comer arroz integral que a família toda experimentava como um "remédio alimentar".

Ele descobriu que o óleo de milho seria muito mais saudável e prático do que a gordura de toucinho derretido, usada na culinária da família. Simeão não gostou de renunciar à banha, mas Maria Dolores, com jeitinho, o convenceu da praticidade e limpeza na cozinha, prometendo de vez em quando preparar-lhe o que estava acostumado a comer.

Pedro acabou indo para a cozinha, querendo auxiliar Maria Dolores. Ele se encantava com o sabor diferenciado do arroz integral, com que as pessoas têm dificuldade de se acostumar, pois aprendeu a cozinhá-lo com alho, cebola, pimentão, tomate e outros temperos, conforme seu humor do dia. Aos domingos, ele apresentava ideias que podiam incrementar esse arroz integral para o almoço, ao que a tia imediatamente atendia: arroz com azeitonas pretas e castanhas, arroz de forno vegetariano, arroz à grega, arroz com algas e cogumelos.

O jovem conheceu o valor da textura de soja, muito mais nutritiva do que a carne bovina, e contentava-se em saber prepará-la. Felipe comia de tudo, sem interesse de como era preparado. Pedro e a tia faziam almôndegas, molhos, tortas, enfim, todo prato que ia carne bovina podia ser substituído pela soja industrialmente texturizada, popularmente conhecida como "carne de soja", a qual se comprava a granel, granulada ou em pedaços, num saquinho limpo e seco, diferente daquela embalagem de carne do animal morto, muitas vezes vazando um caldo fétido.

Depois Pedro e Maria Dolores foram se esmerando em "adaptações vegetarianas" nos pratos regionais ou estrangeiros, acarajé, pastéis, empadas, quibe, estrogonofe, esfirra, yakisoba, tempurá. Agora ele percebia que a carne crua do animal, de qualquer bicho que seja, tem somente o odor abominável de sangue, pois aquele cheirinho saboroso que lhe dava água na boca vinha dos temperos, bastando fritar alho em óleo para sentir o cheiro bom de comida!

Pedro, depois compartilhava as receitas com Helena, nas tardes em que a visitava para o lanche não mais escasso de nutrientes: agora o refrigerante ou leite era substituído por suco natural de fruta ou a própria fruta. Helena mesma observou que comia em quantidade menor, porém com maior riqueza nutritiva, o que auxiliava marcar-lhe a cintura, a silhueta do corpo agora mais elegante, nunca lhe agradou ficar fofinha.

Pedro percebeu que os novos hábitos alimentares trazidos à família, nem sempre de todo acatados, ao menos serviam para ele mesmo. Fortalecia-se a vontade de manter-se vegetariano. Ele, por exemplo, servia-se de pedaços de frutas, arroz integral, feijão, torta de legumes, salada... Seu prato ficava bonito, saboroso, colorido, alegre e ninguém percebia que ele não incluía aquele pedaço de carne, escuro, pesado, feio e triste.

Maria Dolores muito se empenhou na nova disciplina alimentar de Pedro. Era trabalhoso atender a vontade de todos, mas a saúde dele era prioridade, visivelmente seu menino estava mais disposto, alegre, restabeleceu-se da anemia e há muitos meses não aparecia um furúnculo. Quando percebera que ele evitava pôr no prato pedaço de carne, nada comentava, auxiliando-o a desviar a atenção dos outros para o fato de ele não estar comendo carne.

Certo dia, em que os avós de Pedro almoçavam em sua casa, D. Nininha indagou: "Pedro, você não se serviu do frango?" Maria Dolores, rindo, interferiu logo:

— Depois ele se serve. O prato dele está cheio, não cabe mais nada!

Foi então que Pedro notou a percepção de Maria Dolores, que o auxiliava; não era à toa que a amava tanto.

Helena e Luís precisavam disciplinar a vontade, pois a razão já estava prontamente feita. Comiam somente frango de vez quando, não mais em casa, só em restaurantes. Enchiam a boca para se dizerem vegetarianos, mas Helena sabia que de fato ainda não o eram: o vegetariano mesmo nem peixe come, nenhum tipo de bicho e somente bebe leite materno. Entretanto, Helena deu um passo efetivo, fazia alimentação frugal no dia em que aplicava passe espiritual aos assistidos da Casa Espírita.

D. Ana, a avó paterna, não teve dificuldades com a alimentação de Pedrinho. Ela preparava lasanha sem presunto, bolinho de falso camarão, cuscuz à paulista sem atum, nhoque de batata com espinafre, etc., e quando era admirada pela refeição gostosa que servia, isso a contentava muito por ser uma mulher de poucas alegrias e muito trabalho.

A força dos hábitos dificulta à natureza dar passos evolutivos. Mesmo quando as crenças são revistas e enriquecidas por mais conhecimentos propulsores de novos hábitos, ainda há arrastamento para repetir um velho hábito. Se o Espírito não tem forças para opor-se ao velho hábito, tem de aguardar futura existência terrena para começar tudo de novo e melhor.

Embora Pedro quisera nunca mais aproveitar-se da indústria da morte dos animais para a sua alimentação, ele se viu sujeito a reencarnar numa família que o habituou a comer carne. No entanto, ele conseguiu se desvencilhar do que não queria mais para a sua vida e foi bem-sucedido na prova. Tornando-se vegetariano, testemunhou seu verdadeiro amor e proteção aos animais.

A criança não sabe o que come. Pedro se lembrou de que em sua infância, um dia na escola, a professora falava assim:

— A laranja nasce da laranjeira, a goiaba da goiabeira, a banana da bananeira...

E as crianças participavam perguntando:

— E a uva?

E recebiam a resposta:

— Da parreira.

— E a maçã, professora?

— Da macieira.

Sua voz também soou perguntando:

— E o bife?

A professora explicou a Pedro que bife não dava em árvore, etc. Desde esse dia, intuitivamente, ele não mais quis comer bife, mas "teve" de comer por amorosa imposição dos hábitos familiares, dos que desconhecem a grandiosidade espiritual que a alimentação vegetariana traz ao indivíduo e o favorecimento aos animais.

Certo dia, Pedro conheceu, junto à banca de jornais, um polonês que morava aqui no Brasil. Ele contou a Pedro que na guerra sobreviveu graças a uma plantação de batatas, no meio do mato. E que agora, na tranquilidade da velhice, podendo comer de tudo, não consegue comer batatas. Pedro imaginou como uma singela batata pode acionar mentalmente o passado sofrido, de maneira que engolir a batata significava emocionalmente dor e lágrimas.

Às vezes, uma criança se alimenta bem num dia e no outro não. A mãe, com razão, fica preocupada, mas desconhece o passado daquela criatura que, diante de algo, ou mesmo de um alimento, o rejeita, chora e sofre se lhe for imposto. Daí a importância de respeitar os sentimentos da criança, observando seu paladar, sua disposição física.

Ao cabo de dois anos, Pedro conseguiu tornar-se vegetariano puro. Não foi fácil, mas também lhe dava prazer. Agora conhecia opções alimentares que o sustentavam, jamais prejudicaria intencionalmente a saúde. Teve primeiramente a disciplina de cortar a alimentação com carne de animais mamíferos, mas ainda comendo outros tipos. Após alguns meses, cortou a alimentação de aves, o que foi mais fácil, pois já a evitava desde que via a movimentação na cozinha para matar uma galinha e servi-la ao molho pardo. Somente nos últimos seis meses cortou o uso alimentar também do peixe, o que já não apreciava muito desde criança, quando fora a uma pescaria com o pai e o avô e viu o sofrimento do peixe fisgado pelo anzol, debatendo-se fora da água.

Pedro sonhava um dia casar-se e ter um novo lar, onde a pia da cozinha nunca seria suja de sangue, nem a pretexto de servir convidados. Seus filhos seriam primeiramente vegetarianos de nascença, para quando adultos optarem pela preservação do hábito ou não.

Veja o leitor, a diferença entre expiações e provas que a criatura terrena vivencia. Enquanto a expiação é sofrimento pela interferência da justiça divina em nossas vidas, a prova é a aceitação de uma tarefa ou um ideal, como o caso de Pedro: a ele foi provado se o aprendizado na espiritualidade estaria gravado em sua alma a ponto de colocá-lo em prática na vida terrena.

Com disciplina, Pedro vencia na prova. Não há semeadura de todo perdida, pois ele, além de atender a seus próprios anseios de aperfeiçoamento, foi alguém capaz de exemplificar e marcar seu novo hábito alimentar na lembrança de todos. Em seu esforço transformador, deixou um legado moral de saúde aos familiares.

Com isso, Pedro conseguiu que Helena e Luís se tornassem vegetarianos, de fato, cinco anos após sua profunda anemia "desbravadora". Veio substanciar a decisão o fato de a abstenção da alimentação de carne, antes do já mencionado colóquio espiritual, auxiliar Helena a perceber melhor a transmissão das mensagens, estando mais limpo o canal receptor.

Com mais de cinco anos de exercício mediúnico, Helena passou a anotar mensagens de inconfundível nitidez aos seus ouvidos, não duvidando das próprias percepções, percebendo a presença do Espírito comunicante e o conteúdo consolador.

Helena conseguia realizar o desdobramento espiritual parcial, ou seja, saía espiritualmente do corpo somente de um ângulo, como que para breve espiada no mundo invisível, consciente, em estado de relaxamento físico e concentração para visualizar a presença do Espírito e ouvir sua comunicação.

Assim, sob consentimento de seu mentor, Helena passou, ao fim de cada preleção evangélica, a ler publicamente a mensagem recebida e a entregá-la ao destinatário. Antes mesmo de chegar ao fim da leitura, alguém já se manifestava como o "dono" da carta recebida, reconhecendo que um ente querido lhe falava.

Helena e Luís foram inteligentes em admitir que, se a abstinência da alimentação de carne era boa para específico dia, certamente seria ainda mais para todos os dias da vida.

Maria Dolores, embora compreensiva com as escolhas de Pedro, diminuiu a ingestão de carnes, mas, sem esforço em abandoná-la de vez, somente mais tarde tornou-se vegetariana, sem tempo hábil, movida pelo que depois vou contar ao leitor.

Aos dezoito anos, Pedro foi estudar na capital paulista, hospedado na ex-casa dos bisavôs, morando com uma parenta; entretanto, antes mesmo do fim do curso, conseguiu emprego e foi morar sozinho. Pedro evoluiria junto com a evolução da própria área de propaganda no Brasil, que passou a ser admirada e reinventada pelos países sul-americanos: o povo brasileiro é muito criativo.

Pedro soube de alguns restaurantes vegetarianos no centro da capital e foi visitar um deles. Depois de servir-se, sentou-se e respirou profundamente. Em pensamento, agradeceu a Deus, sentindo ser aquele momento um marco em sua vida.

Maria Dolores sofreu com a partida de Pedro, pois eram muito apegados, mas teve de acostumar-se com a ideia de que seu "menino" crescera, tinha um futuro promissor pela frente. Pedro fez uso do livre-arbítrio, indo atrás dos sonhos e realizações.

Ninguém está de fato sozinho. Pedro tinha sua mentora espiritual, Angélica, que o amava como mãe e irmã universal, tutelando-o em todas as horas. Deus não abandona seu filho e está sempre proporcionando chances de progresso ao Espírito destemido em busca de ascensão.

Pedro, naquele tempo, ouvia comentários sobre o uso de drogas, infestação típica das capitais, mas nunca teve muito conhecimento nem contato. Não fumava, mas passou a ingerir álcool por alguns meses; entretanto, despertou logo, interrompendo esse caminho infeliz. Foi uma fase de brecha espiritual em que Espíritos desencarnados afoitos se aproveitam com intenção de viciar o encarnado descuidado. O desânimo lhe abriu aquela brecha, a vontade de viver enfraqueceu, vejamos por que isso aconteceu.

Maria Dolores adoeceu aos 42 anos, com diagnóstico de câncer. Creia, nada é por acaso. Ninguém carrega uma "carga" ou carma que não lhe pertença, ninguém sofre o que não merece. Deus, em sua onisciência, tudo sabe, tudo vê e no momento certo permite a expiação, como lição retificadora.

A causa das aflições localiza-se em dois pontos no tempo, passado ou presente. Quando não se encontra de pronto a causa, se não está no presente, certamente estará em vida passada. Há causas atuais para aflições, de tal modo que basta olhar o passado recente, na vida atual, para constatá-las: no caso de Maria Dolores, aquele aborto impensado.

Naquele tempo, a doença "driblava" a medicina e avançava inalcançavelmente, ceifando a vida do indivíduo, independentemente de idade, sexo ou posição social. Maria Dolores sofreu dores lancinantes com a degeneração das células uterinas. A dor destruía o corpo para construir o Espírito, a fragilidade física não revelava a força espiritual que crescia no âmago de seu ser, estava sendo forjada uma mulher que se propunha para sempre – matar, nunca!

A maternidade é a tarefa mais importante na face terrena, experiência que produz uma capacidade inédita de amar, disponível à mulher. É sempre uma prova de amor, pois o Espírito que quer reencarnar pede para nascer, até mesmo suplica pelo seio materno, proteção e carinho.

Não há espiritualmente argumento que possa deferir permissão para matar a criança em gestação, nem mesmo no caso do bebê com séria anomalia. Seja qual for a deficiência física, o Espírito no corpo estropiado estará na vida terrena aprendendo e reconstruindo seu perispírito, que no passado foi também estropiado.

Desencarnes trágicos que violentamente tiram a vida do corpo carnal antes da hora também afetam o corpo espiritual (perispírito), cujos prejuízos serão refeitos com recursos espirituais e materiais, ou seja, o desencarnado traumatizado começa a reparar os danos perispirituais na espiritualidade, mas completa com os recursos materiais por meio do magnetismo animalizado em contato com a organização carnal.

A gestante, em casos como este, de reconstrução orgânico-espiritual gestatória, tem laços invisíveis que a prendem ao Espírito reencarnante, um envolvimento no passado de que não se lembra, mas sente imprecisamente; às vezes, não quer admitir que possa ter tido experiência tão funesta em existência passada. Cabe a ela auxiliar o filho doente, irmão de jornada evolutiva, propiciando-lhe o reajuste necessário e, ao mesmo tempo, na tarefa bendita de ser mãe, ter o mérito da sua própria cura moral.

Em suas preces, Maria Dolores pedia perdão ao Espírito que não chegou a conhecer porque abortara, desconhecendo que ele esteve ao seu lado como sobrinho.

Na esperança de dias melhores sobre a saúde do corpo, Maria Dolores tentou preservar o organismo com alimentação mais suave e revitalizante. Na sensibilidade que a dor lhe apurava, ela percebeu que a matança dos animais, para atender ao consumo alimentar, produz no animal, pela terrível agressividade em que sofre, uma angústia que, de alguma maneira espiritual e magnética, o homem ingere quando dele se alimenta.

Após alguns meses, Maria Dolores desencarnou.

Pedro sentiu muito a perda da amada tia Dolores, por mais conhecimento e aceitação, há um sofrimento, porém a Doutrina dos Espíritos lhe foi muito consoladora. Simeão sentiu a partida da esposa como se tivesse perdido um braço, ficou descompensado, mas depois reagiu, na certeza de que a separação é temporária, os laços afetivos são indestrutíveis. Permaneceu viúvo e voluntariamente trabalhava na equipe terrena, aprendendo e servindo.

De seus "sonhos", Pedro fixou um quadro na lembrança: Maria Dolores foi socorrida num hospital da espiritualidade, a região afetada pela doença aos poucos recebia luz regenerativa no corpo espiritual.

O tempo passou e outro dia, também em "sonho", ele a viu saudável e sorridente, vindo a seu encontro em meio a um lindo pomar, onde se abraçaram debaixo de uma parreira carregada de cachos. Pareceu-lhe que conversaram longamente, porém não reteve o conteúdo do diálogo na memória carnal; nitidamente ele conservou na lembrança os olhos lacrimejantes de Maria Dolores lhe pedindo perdão. Dois anos depois, Helena recebe mensagem escrita em que ela dizia estar se preparando para, no futuro, receber os entes queridos, quando então se reencontrariam novamente na mesma dimensão.

Após o aniversário de dez anos de fundação da Casa Espírita, Cabral desencarnou com disfunção cardiológica súbita. Esse acontecimento serviu para unir ainda mais a família e os amigos. Aqueles novos espíritas comprometidos com a causa reveladora tornaram-se antigos, assim Manuel e seu irmão Benedito faziam parte da equipe dirigente. D. Nininha teve vida terrena bem longa, sempre acompanhando o desenrolar de atividades que ela e seu marido tiveram a felicidade de impulsionar.

Pedro visitou uma Casa Espírita na capital, perto de onde agora morava. Sentia-se muito bem, estudava a doutrina, chegou a desejar que no meio espírita viesse a encontrar uma moça com afinidade para namorar, porque as mocinhas "lá fora" não compreendiam suas básicas exigências morais para um convívio harmonioso. As moças espíritas eram mais lúcidas, compreensivas, serenas; no entanto não achou alguém conscientizada da crueldade do homem na matança de animais, da responsabilidade de cada um em não mais instigar a continuidade desse sofrimento com o apetite macabro.

Na hora do almoço, Pedro, que elegeu frequentar assiduamente um restaurante vegetariano para seu conforto, saúde e paz espiritual, encontrou Cristina e tornaram-se muito amigos. Ambos trabalhavam ali perto. Os pais dela eram vegetarianos há muito, eram budistas e ela os seguia em tudo, era também praticante de ioga. Pedro receava revelar-lhe sua admiração e ternura com intenção de namoro e com isso afastá-la, porque não sabia se ela preferia somente amizade entre eles.

A cada encontro, Pedro dedicou-se a fazer, gota a gota, exposição do que havia aprendido e ainda aprendia, moderadamente, de acordo com as próprias perguntas que Cristina ia formulando. Com o tempo, ele percebeu que os conhecimentos espíritas lhe esclareciam algumas percepções mediúnicas, na sua busca do samadhi, êxtase espiritual.

Pedro observou que Cristina, além de sensível, tinha muito amor para dar. Ele descobria que há também pessoas maravilhosas fora da Doutrina Espírita. Cristina passou a ler obras espíritas e a revigorar-se no conhecimento científico de novas ideias, sempre grata por tudo o que a vida lhe oferecia de bom.

Ele precisou trocar ideias com Helena e Luís, que achavam importante para um casal a afinidade religiosa. Pedro concordava, mas uma espírita carnívora traz motivo muito mais discordante, afinal, come-se todos os dias.

Cada um come o que quiser, leitor amigo, entretanto afirmo: ninguém será feliz com uma alimentação famigerada que impõe o sofrimento ao animal. Quem tem covardia de matar um animal, a tem para matar um homem. Enquanto houver sobre a Terra a matança de homens ou de animais, pelo próprio homem, o planeta terreno gemerá para evoluir. É preciso rever hábitos, nova cultura, produzir um homem mais sensível, mais puro de sentimentos. O comodismo, a indiferença em consumir retalhos de corpos físicos, sangue, sem questionar o sofrimento que vem embutido, conserva o homem ainda no estado primitivo, incivilizado.

Em suas orações a Deus, Pedro pedia a luz do esclarecimento espiritual. E com naturalidade ele concluiu o estudo sistematizado do espiritismo, assumindo-se mais um cidadão evangelizado no mundo, espiritualmente eclético.

Ele não queria cair no sectarismo, nem no fanatismo religioso. Queria ser capaz de lidar com a diversidade religiosa, faria todo bem possível ao próximo e com todo respeito aos sentimentos e crenças alheias exporia, no diálogo edificante, em poucas palavras, um pouco da bagagem espiritual que carregava, não com o rótulo de religião, mas de religiosidade, sem presunção de evangelizar ou desestabilizar, discordando do outro. E assim Pedro ainda mais aprendia e crescia para Deus, porque no intuito de dar o que carregava em sua bagagem espiritual, mais ele apreendia e aumentava a própria bagagem.

Pedro casou-se com Cristina, tiveram uma filha, Camila.

Após alguns meses, o pediatra de Camila recomendava sopinha com pedacinhos de frango ou peixe. Pedro e Cristina se entreolharam titubeantes, queriam estabelecer uma alimentação totalmente sadia para a filha, sem animais.

Quando o jovem casal, naquele dia, foi fazer algumas compras, dirigiu-se ao "Arroz de Ouro" no Largo do Arouche. Cristina solicitou arroz integral e açúcar mascavo e, em meio ao pedido, Luís contou à atendente que não sabiam o que fazer, pois não queriam alimentar a criança com carne, mas temiam prejudicá-la, contrariando as orientações médicas. A senhora atenciosamente retrucou:

— Estão vendo aquela moça no caixa? Bonita, forte e nunca comeu nenhuma espécie de carne.

De fato, uma moça loira, serena, com viço juvenil, alegre, fortalecida, saudável. Isso bastou para que Pedro e Cristina confirmassem sua convicção, e assim a filha tornou-se vegetariana de nascença.

Com Felipe, a vida foi assim: Deus preparou-lhe um berço de vinte anos de educação espiritual, mas o homem parece que perdeu quase tudo em vinte minutos, com uma mulher que lhe virou a cabeça. Tudo é experiência. Nos momentos possíveis de lucidez espiritual, Felipe haveria de colocar em prática os ensinamentos recebidos. A espiritualidade encontra mil maneiras de se achegar ao viajante terreno para que ele não fique perdido no estranho mundo material.

No terceiro milênio se ouviria além do conhecido jargão: "sou católico não praticante", também "sou espírita de berço", isto é, a afirmação daquele que teve familiaridade com o espiritismo na infância, observou exemplos cristãos, leu instruções espirituais, porém não se educou espiritualmente.

Helena e Luís perseveravam nas tarefas. Na falta do Sr. Cabral, as atenções ou cobranças de atenção se dirigiram ainda mais para Helena, talvez porque ela fosse a mais antiga médium de tarefa da Casa. Cercados de D. Rosa, Nininha, Simeão, Florinda, Manuel, Benedito, Luísa e outros, formavam as colunas de sustentação da Casa Espírita na evangelização, assistência espiritual e estudos espíritas.

Capítulo Dez

Tormento escolhido

Não será difícil o leitor compreender o desejo de nossa narração em retroceder uns anos para acompanhar a trajetória das experiências vivenciadas no lar de Manuel e Benedito.

Anos 1950. Benedito ia reencarnar. Seu pai, em anterior existência terrena, seria seu irmão na experiência vindoura. Manuel reencarnou primeiro e contava três anos de vida. Jurema contava um ano, também seria sua irmã, um Espírito desconhecido, mas ele já a queria bem.

Acompanhado de Espíritos servidores, Benedito, sempre que possível, visitava o lar que o abrigaria em breve. Sensibilizado pela inteligência do irmãozinho, a fragilidade da irmãzinha, o amor incansável de Luísa, o ânimo guerreiro de Tonico, seu coração estava cheio de bem-querer e esperança na trajetória difícil de renascer na superfície terrena.

Luísa seria novamente sua mãe, e Tonico, um Espírito apenas conhecido, considerando as visitas do pré-reencarnante aos futuros genitores; Tonico era amoroso com os filhos, Benedito agradecia a Deus por isso.

Saiba o leitor que há a possibilidade de Espíritos amigos, ou mesmo inimigos, se entenderem visando à nova oportunidade de vida terrena, para então conseguirem um projeto reencarnatório junto com pessoas queridas e outras ainda não, como provas e expiações, em que o reencarnante esperançoso anseia ser bem-sucedido.

O casal Luísa e Tonico se uniu por um milagre da natureza, sabendo que o milagre é fenômeno natural, no caso deles uma atração magnética de polos: o feminino e o masculino. Juntos, atraídos do mesmo modo, tiveram experiências em vidas terrenas longínquas, encobertas pelo véu do esquecimento que possibilita a vivência do momento presente, o agora, e não o passado intransformável. Hoje uma pessoa pode não ser qual fora no passado, é preciso investir no relacionamento atual, ver como ela é e como trabalha hoje em favor do que quer no futuro.

Luísa morava na capital paulista, teve primorosa educação, formou-se dedicada musicista, conquistando com o carinho da família seu conservatório musical. Ela tocava vários instrumentos e dava aulas de música para jovens e adultos, e aquele contato constante com músicas edificantes a levava à serenidade propícia para receber inspirações sobre o melhor a fazer também no quotidiano.

Tonico era um rapaz mineiro, pobre, mais agitado do que os pacatos mineiros em geral; na adolescência foi jornaleiro de rua, vendia jornais na praça, nas portas de lojas e padarias. Sua primeira conquista foi comprar uma máquina fotográfica.

Ele tirava fotos interessantes, enviava ao jornal regional e tinha suas compensações. Queria, além de fotógrafo, ser jornalista redator, embora não tivesse os estudos necessários para dominar a língua culta escrita. Jovem ainda, deixou o lar em busca dos sonhos. Foi para a cidade de Petrópolis, no Rio de Janeiro, onde ele sentia que, com trabalho, alcançaria o status almejado.

Morou num quarto de pensão afastado do centro da cidade. Vestia-se com impecável terno e gravata, e lá ia com sua máquina, agora uma profissional, pendurada no pescoço. Fotografava políticos, aristocratas, artistas, eventos públicos da chamada "alta roda", personalidades que esnobavam e, no meio daquela gente, embora trabalhando honestamente, Tonico fazia pose de grã-fino. Alguns jornalistas bem-sucedidos compravam as fotos dele.

Tonico também fotografava turistas visitantes do Museu Imperial, que possui o principal acervo do país relativo ao Império Brasileiro. Algumas horas depois apresentava-lhes as fotos, reveladas em seu estúdio caseiro, o que teve boa aceitação naquele tempo. No entanto, depois precisou desistir porque os turistas surgiam com suas próprias câmeras, diminuindo o número de pedidos.

Todavia, foi num daqueles dias de correria, na entrada do museu, que Tonico bateu a foto de Luísa com a mãe, pela primeira vez visitando a cidade de Petrópolis.

Ao adquirir as fotos com o colega dele que cuidava dessa parte, Luísa e D. Zilda quiseram pessoalmente parabenizar o fotógrafo, porque estavam lindas. O colega, com um assobio e aceno de mão, o chamou.

Na conversa, Tonico e Luísa trocaram apresentações e olhares, ele estendeu orgulhosamente seu cartão de visita, deu uma dobradinha na ponta superior direita, sinal de elegância, e ela anotou num papel o endereço do conservatório musical, caso ele se interessasse por música.

Ela achou o moço bonito, elegante e com aptidão artística, porque fotografar podia ser uma arte. Embora tenha sido uma conversa breve, mas muito agradável, o fotógrafo não lhe saía da cabeça. Talvez um tímido desejo de ser fotografada por ele ou uma fantasia de ter conhecido um carioca, cuja maneira de falar com o som da letra r guturalmente "arrastado" e o s "chiado" entre os dentes dava-lhe um charme especial.

Ele achou a moça fina e bonita, mas principalmente alguém que lhe fizera um elogio; tão carente ele estava disso, que se sentiu caminhar nas nuvens, achando que deveria um dia explorar as chances de trabalho na capital de São Paulo.

Quando conseguiu a "bufunfa" (dinheiro) suficiente, Tonico foi para São Paulo e começou a trabalhar para o jornal Última Hora, primeiro como auxiliar, depois como tipógrafo: a gráfica usava a prensa de tipos de letras móveis, uma trabalheira.

Um dia, quando ganhou seu ordenado, Tonico pensou em procurar Luísa, antes enviaria uma cesta de rosas para causar boa impressão e solicitaria permissão para uma visita.

Mãe e filha ficaram estupefatas diante da imensa cesta de rosas vermelhas e o pai de Luísa com o pé atrás diante daquela alegria toda. No gentil cartão Tonico pedia que ela ligasse ao jornal Última Hora para confirmar a visita.

No dia seguinte, ele chegou simpático e sorridente, era magro, alto, moreno, cabelos ondulados ajeitados com brilhantina e usava fino bigode. Um sorriso exótico com um dos dentes da frente revestido em ouro, parecendo brilhar mais que o normal. Tonico, dentro de um terno azul-marinho com camisa branca e gravata, apresentou-se elegante e polido, porém as unhas escurecidas revelavam seu trabalho do qual se orgulhava, porque tinha contato com as letras, com pessoas "importantes", era um rapaz sempre bem informado.

Luísa estava linda em seu vestido creme com fita cor-de-rosa na cintura; ela era clara, olhos e cabelos castanhos, beleza singela, sem pintura, sorriso meigo e olhos brilhantes. Tocou acordeão, piano e tudo parecia agradar ao novo amigo. Falaram de jornais e também de livros, que ele não lia; ficou impressionada pelo gosto de Tonico por versos em trovas, alguns ele se pôs a declamar.

Ela o presenteou com o livro *Nosso Lar,* do Espírito André Luís, psicografado por Francisco Cândido Xavier, expondo sua admiração pela doutrina espírita. Ele concordou meio sem saber do que se tratava, prometendo ler a obra. Assim começou o namoro, depois o noivado e logo o casamento.

Veio o primeiro filho, Manuel, desejado e amado, que recebeu muitos presentes e mimos de avós, parentes próximos, amigos e alunos. Da redação do jornal, os amigos festivos fizeram uma vaquinha para presentear Tonico com o berço da criança.

Depois nasceu Jurema, uma linda menina, o casal ressentiu um pouco, não houve repercussão festiva, a remuneração baixa de Tonico mal dava para custear as despesas. O que Luísa ganhava era para ela, ele não queria o dinheiro de sua esposa, servia-lhe para lingeries, perfumes e costureira de seus vestidos.

Tonico, aos sábados, ia ao Jockey Club de São Paulo fotografar corrida de cavalos, mas acabava assistindo, acompanhando apostas e ganhadores, ouvindo palpites para também simular jogo. Não jogava porque eram altas as apostas e ele não tinha dinheiro para isso, mas era grande a vontade de jogar. Se pudesse jogaria, e com esse pensamento atraía a companhia de Espíritos desencarnados viciosos em jogo.

O assédio espiritual sorrateiramente foi-se instalando, chegou a tal ponto de interferência psíquica, que Tonico, um dia, ao receber a remuneração mensal no serviço, pensou logo em apostar em determinado cavalo, porque "tinha certeza", ou seja, uma fé cega de que seria o melhor palpite. Estimulado ainda pelos outros jogadores, Tonico entregou-se à impulsividade e irresponsabilidade de apostar todo o dinheiro que trazia no bolso. E perdeu a aposta...

Ficou aturdido, sem saber o que fazer. E agora? Não tinha dinheiro nem para o leite das crianças. Não queria chegar em casa, o que dizer à Luísa?

Desabafou sua desdita com um amigo, o Cachorrão, esse era o apelido de Joaquim José, que sugeriu um rabo-de-galo (aguardente adocicada com um pouco de vermute) para enfrentar a situação. Tonico tomou e fez careta, não estava acostumado a beber álcool, mas anestesiou sua vontade de chorar. Chegaram à conclusão de que ele devia pedir dinheiro emprestado, e assim foi levado a quem podia emprestar certa quantia.

Tonico chegou em casa de madrugada, bêbado, porque não ficou só no primeiro aperitivo, o "amigo" patrocinava a bebedeira sob inspiração do mal que os espreitava.

Luísa estava preocupada, nunca o marido chegou tão tarde do serviço. Pôs novamente a mesa do jantar requentado e conversou com ele, procurando saber o que havia ocorrido:

— O que aconteceu, meu bem, você nunca bebeu assim!

— Não se preocupe, Luísa, fui numa despedida de solteiro do colega de serviço e acabei bebendo por insistência dos amigos – ele mentiu rindo para não chorar.

Maria Luísa acabou rindo para demonstrar naturalidade, mas estranhava aquela situação, dava-lhe arrepios, um súbito mal-estar.

— Vai que essa moda pega, Tonico, quero meu maridinho lúcido, equilibrado.

— Isso não vai acontecer mais, eu juro.

— Confio em você, porque você não é bobo de cair nesse vício que pode destruí-lo – afirmou, pensativa.

— Eu sei o que estou fazendo, estou no controle da situação.

Tirou do bolso todo o dinheiro e o colocou nas mãos de Luísa, não conseguiu jantar, foi dormir.

Era óbvia a interferência espiritual sofrida por Tonico, mas ele não conseguia sair desse quadro de inquietações. A obsessão logo se tornou evidente, bastaria observar a presença de pensamento fixo: "vou ganhar na corrida dos cavalos!".

Tonico jogava nos cavalos com dinheiro emprestado; sem pagar uma dívida, fazia outra e já não escondia seu desejo pelo dinheiro.

Luísa teve vergonha de contar aos pais que o marido contraía dívidas, perdia nos cavalos, embora ela e as crianças não sofressem por falta das coisas. Buscou na prece consolação e fortalecimento espiritual, e no diálogo com o marido a condução do lar acertadamente:

— Tonico, você está se endividando cada vez mais, só fala de corrida de cavalos!

— Falo do que entendo, Luísa, nós vamos ficar ricos. Olhe aqui no jornal, esse cavalo é o palpite certo, venho acompanhando as corridas, ele promete, promete muito! – e Tonico ria apontando o artigo do jornal amassado, entre uma baforada e outra do cigarro que ele sempre fumou desde menino.

— Estamos sem dinheiro para pagar as dívidas que você vem fazendo – ela ficou sabendo das dívidas pelos próprios cobradores.

— Na semana que vem, Luísa, você estará rindo sem essa ruga de preocupação na testa! – e a carregava no colo, enchendo-a de beijos e abraços.

— Tonico, você já pensou que o risco é grande? E se você não ganhar? Temos de pagar o dinheiro emprestado, o aluguel deste mês está atrasado, meu Deus, como vamos viver, Tonico?

— Darei um jeito. Não se preocupe – ele afirmava com tanta segurança, que a acalmava.

— Querido, não seja ambicioso, vivíamos bem com nosso trabalho honesto, andava meio apertado, porém não tínhamos dívidas. Você não podia se afligir e lançar mão de algo tão inconsistente como o jogo.

— Você não acredita em mim, sou informado, tenho uma intuição que você vai ver – ele insistia em não dar-lhe ouvidos.

E não dava para continuar a conversa, porque os filhos precisavam da atenção da mãe.

Tonico perdia mais dinheiro nos cavalos. Achava que aprendia com os prejuízos e que a hora de ganhar estava chegando, tornar-se-ia *expert* no assunto.

Ele estava aflito, sem saber como agir, aborrecido, nervoso. Começou a fazer horas extras na redação do jornal e, ao sair de lá, de madrugada, era atraído a aportar num bar com os colegas, somente indo para casa no alvorecer do dia. Chegava de manhã, malcheiroso, não comia e ia dormir.

Quando acordava, voltava a ser o Tonico alegre que brincava com os filhos, amoroso com a esposa, fazia algum conserto em casa, ora serrava pedaços de madeira na construção de um carrinho para o filho, ora montava pipas coloridas para ensinar o garoto a empiná-las ao vento. Fotografava a família quase todos os dias. Seria um marido exemplar sem aquela "loucura" que o possuía.

Aborrecido com os cobradores, não aguentando ver os olhos vermelhos da esposa que certamente chorava longe dele e para ele mesmo não chorar, Tonico, nos fins de semana, ia para o botequim da esquina beber rabo-de-galo, "pendurando a conta" (comprando fiado).

Tonico agora, quando recebia pagamento no serviço, logo comprava o mais pesado da alimentação mensal da família; antes de pagar o aluguel e os credores, jogava nos cavalos pensando: "desta vez ganharei e pagarei tudo o que devo". Qual o quê, quanto mais apostava, mais perdia.

O casal, um dia recebeu intimação de uma ação de despejo por falta de pagamento do aluguel da casa em que moravam, ou seja, a família devia desocupá-la. D. Zilda já desconfiava de que algo não ia bem, não se surpreendendo ao ver a filha chegar em sua casa aos prantos.

Os pais de Luísa alugaram outra casa e pagaram o primeiro mês, porém não sabiam que Tonico endividara-se tão alto que passou a correr risco de vida, por conta dos agiotas.

Depois de alguns meses, mais uma vez foram despejados, agora o nome de Tonico e do sogro estavam sujos na praça.

A família achou para morar o cortiço de D. Anita, portuguesa, que construiu nos fundos do terreno quatro pequenas moradias, de quarto e cozinha. E de uso coletivo três banheiros, o quintal e o poço d'água.

Um pouco antes da mudança de residência foi imprescindível saldar as dívidas de Tonico, sob ameaça de morte. Luísa renunciou, vendeu o conservatório musical para um professor conhecido. Despediu-se de seus alunos, ficou sem um instrumento para tocar. Doía-lhe a alma, mas era para uma boa causa: proteger seu marido.

No dia da mudança, Luísa sentiu dores no ventre, não cogitou ser uma gravidez porque havia irregularmente menstruado e a isso justificava o período de muita tensão emocional refletindo no corpo. Foi levada ao pronto-socorro, teve um aborto natural, devia agora ficar de repouso e tomar medicamentos.

Tonico teve um choque de amor com a renúncia da esposa, o desapego material, o sacrifício do próprio ideal para salvar sua vida. Essa vibração amorosa foi maior que a densa vibração que o envolvia, assim ela o protegia também do assédio acirrado de obsessores espirituais. Na verdade, foi dada uma trégua e Tonico aproveitou-se disso para reequilibrar-se. O amor de Tonico e Luísa foi fortalecido, ele também quis renunciar a algo: não mais jogaria nos cavalos nem beberia álcool de novo.

Faço por explicar que podemos dividir os obsessores em dois tipos: obsessor justiceiro e obsessor vampírico. Obsessor justiceiro é aquele Espírito que assedia no intuito de vingar-se, fazer justiça com as próprias mãos. Já obsessor vampírico é o Espírito que suga a energia do outro para se comprazer no mesmo vício. Logo, o aprimoramento moral da vítima (outrora verdugo) afasta um obsessor justiceiro e a eliminação do vício afasta um obsessor vampírico.

Luísa era uma alma sensível, intuitiva, sem vícios, religiosa, e sofria por ter perdido a paz da juventude. Viu-se envolvida em situação complexa porque julgava o marido um homem trabalhador, criativo, alegre e sensato. Tinha paixão por Tonico, não gostou do que ele esteve fazendo, mas confiava que agora tudo seria diferente.

Naquele repouso forçado, ela queria meditar, orar e descobrir o que mais fazer. Sentia que o marido comportava-se como uma criança, por ora obediente, que cresceu o corpo, mas continuava infantil, frágil, às vezes rebelde, sem aceitar seus conselhos, ambicionando muito, querendo ser mais do que era.

Luísa orava a Deus pedindo ajuda e inspiração, o que não lhe faltava.

Mais tarde, ela comentou com sua mãe, D. Zilda:

— Lamento a falta de estrutura emocional para "segurar" a gravidez, mas eu gostaria de ter tido esse filho, porque acredito que nada é por acaso na obra de Deus.

D. Zilda achava que não cabia mais um filho agora na família tão sem conforto, mas refletiu, dizendo:

— Não foi você quem provocou esse aborto. Foi natural, logo está de acordo com a vontade de Deus.

— A senhora tem razão, só que isso não significa que o Espírito não queira ainda reencarnar, acho que não ofereci as condições ideais.

— Lá vem você com essas ideias de Espiritismo – D. Zilda abanava a cabeça, menosprezando.

— Há tormentos que vivemos, que não são determinados por Deus!

— Ah, não?

— Não, mãezinha, eu estou aprendendo que nós fazemos nosso destino.

— Como assim?

— Às vezes, fazemos escolhas equivocadas, daí temos de enfrentar as consequências – Luísa empostou a voz para esclarecer, já que a mãe deu-lhe atenção.

— Você fez algo errado, minha filha?

— Não, mãe, o Tonico.

— Parece que ele faz tudo errado, filha – D. Zilda gesticulava, categórica.

— Ele falhou na prova, não devia entregar-se ao jogo.

— Não se pode confiar na sorte! – exclamou a mãe.

— A nossa vida virou quando ele começou a pedir empréstimos, antes disso éramos felizes – Luísa afirmou sem pestanejar.

— Ah! Quanto a isso você tem razão.

— Hoje enfrentamos a consequência daquela má escolha – Luisa respondeu racionalmente.

— Foi ele quem escolheu! – a mãe retrucou, intrigada.

— Ele escolheu o mal para si e sua família – Luísa sorriu sem graça.

— E por que ele continuou jogando?

— Buscando a sorte para pagar a dívida – Luísa viu-se logicamente compreensiva.

— Você não merece passar pelo que vem passando. Olhe onde veio parar, num beco, num cortiço! E sua paixão pela música, e seus alunos? Perdeu tudo.

— Tonico inventou um tormento voluntário. O homem é capaz de inventar o próprio sofrimento na vida atual a partir de más escolhas – Luísa revia conhecimentos evangélicos sob a luz da Doutrina Espírita.

— Concordo com você, foi o empréstimo que moveu verdadeira bola de neve porque, querendo na sorte ganhar para pagar o que devia, e não conseguindo, ele se endividava ainda mais.

— Então, mãe, Deus nos dá a liberdade de escolha: escolhendo mal vem o tormento e não se pode culpar outra pessoa.

— Ele não podia jogar tudo nos cavalos! – asseverou D. Zilda.

— Veja bem, mãe, Tonico recebeu uma prova: jogar ou não nos cavalos. Ele foi testado se ainda é ou não ambicioso.

— Como você separa essas coisas? – disse a mãe, intrigada.

— As provas nos testam o amor, a aceitação, o adiantamento moral, a inteligência, etc. Muitas vezes, complicamos mais do que solucionamos os problemas surgidos em nossa vida e buscamos o tormento voluntário.

— Se Tonico podia complicar, para que facilitar? – D. Zilda brincou de mau gosto.

— Mãe, saiba que a gente aprende com o mal, pois nunca mais Tonico vai pedir dinheiro emprestado, muito menos para agiotas.

— Para ele aprender isso, custou caro, filha.

— Mãezinha, não se assuste com o que vou dizer: acho que o Tonico ambicionava ganhar dinheiro para comprar tudo o que pudesse me agradar.

— Será?

— Ele gostaria de me dar muito mais do que materialmente já tive. Ele gostaria de me dar conforto, passeios, joias!

— Não compreendo.

— Há pessoas no mundo que não sabem expressar amor. Assim é o Tonico! Somente me presenteando materialmente ele expressaria seu amor por mim!

— Ah, não! Essa loucura nos cavalos a fez chorar. Isso é amor?

— Isso foi a infeliz consequência de tudo. – Luísa arregalava os olhos como se tivesse descoberto o encoberto.

— Amor é atenção, dedicação, carinho – começou D. Zilda, e Luísa complementou:

— É também parceria nas tarefas, comprometimento com a estabilidade da família, responsabilidade a dois. Eu falhei, mãezinha, quando as economias estavam apertadas eu não renunciei aos gastos que fazia com meu próprio dinheiro. Não cheguei para ele e ofereci auxílio, ele nunca soube o quanto eu ganhava.

— É, mas ultimamente você teve que gastar o que tinha e até "pendurar" o que não tinha na venda.

— Só contribuí na emergência, na necessidade, mãe! – Luísa tremeu o queixo prestes a chorar.

— Filha, você tem razão, esse moço é um trabalhador, mas ganha pouco, a família crescia e seus ganhos certamente nem tanto!

— Então, mãe, ele ficou sozinho, lutando e até jogando na sorte para tentar manter as despesas. E eu indo à costureira fazer mais um vestido, ou saindo para comprar mais uma colônia, comprar até ouro para enfeitar meus filhos, que nem sabem o valor de uma corrente ou um brinco – pronunciou com raiva de si mesma.

— Calma, filha, também não é tão grave assim. Ainda há tempo para ser companheira e amiga de seu marido.

— Eu amo o Tonico! E agradeço a Deus por ter enxergado isso. Ele precisa de compreensão, de incentivo no trabalho honesto, de meus exemplos de humildade e simplicidade.

— Filha, converse com seu marido como você está fazendo agora comigo!

— Nós vamos sair dessa, mãe! – Luísa enchia os olhos de lágrimas, mas corajosamente esperava por dias melhores.

— Se Deus quiser, vocês vão sair dessa! – vibrou a mãe amorosa.

Capítulo *Onze*

Felicidade acontece

Na rotina terrena diária, o homem respira pequeno e às vezes grande. Nos momentos de perturbação espiritual, em que as emoções destrambelham, a respiração é pequeníssima.

É possível estabelecer um bem-estar sempre que se respirar profundamente, esticar o corpo deitado ou de pé, espreguiçando-se, dando mais espaço para o ar entrar. Excelente hábito para se fortalecer antes de uma tarefa como também descansar posteriormente.

O Espírito não dorme, flutua enquanto o corpo dorme. Vive ao mesmo tempo duas experiências, uma terrena, outra espiritual. Durante a vigília não se lembra da atividade extracorpórea, isso para não interferir no livre-arbítrio.

O leitor questionador há de pensar:

— Para que esse desdobramento espiritual, se não me lembro de nada?

Eu lhe respondo:

Não podemos deixar de viver nossa verdadeira vida, somente porque estamos numa experiência terrena transitória. Enquanto o corpo descansa, o "eu-Espírito" se liberta temporariamente e pode visitar Espíritos de relacionamentos passados, talvez de futuro relacionamento terreno, acatar conselhos dos mentores amigos, revigorar as próprias propostas de evolução.

Digo mentores amigos porque, para cada função diferenciada que exercitamos, temos um dirigente espiritual; no lar, na escola, no trabalho, numa tarefa de auxílio ao próximo, etc. Luísa, fora do corpo, foi consolada pela mentora de seu trabalho musical com a promessa de que logo teria nova oportunidade para continuar com sua tarefa de outra maneira, que aguardasse confiante e serena.

Luísa também visitou um jovem Espírito – Benedito.

— Mamãe, mamãe! – Benedito pronunciou arregalando os olhos ao vê-la transpor a porta de seu quarto, no Lar São Germano.

— Meu filho querido, perdão, perdão, não consegui! – Luísa chorava abraçada a ele com a cabeça apoiada em seu peito.

— Nada acontece por acaso, mamãe. Eu tinha que passar por isso para sentir a dor moral de ver meus sonhos perdidos.

— Não está perdido, Benedito, você será nosso filho! – Luísa queria cumprir a promessa feita um dia na espiritualidade.

— Não sei, talvez eu ainda não mereça... – humildemente ele examinava seu íntimo.

— Agora estou em paz, consegui proteger Tonico e tenho certeza de que dei o melhor de mim. Em breve estarei trabalhando, gosto do meu trabalho. Preciso somente de um tempo para fortalecimento do corpo. E minha alma ficará mais fortalecida se você, Benedito, não desanimar.

— Mamãe, quando a busquei para mais uma oportunidade reencarnatória, não imaginei que estava pedindo tanto sacrifício – e a abraçou, agradecido.

Embora não se lembrasse do colóquio fora do corpo, Luísa despertou feliz sem saber o porquê e acreditou que nova vida estava começando.

O bem atrai o bem, essa é a lei. Quando Luísa, em visita aos pais, foi passear na calçada, para que Manuel tivesse espaço com o velocípede que ganhou dos avós, encontrou a mãe de um ex-aluno:

— Professora Luísa, que prazer vê-la!

— O prazer é meu! Só assim saberei como vai meu querido Alceu.

— Alceu está tentando adaptar-se com outro professor, mas vive mencionando que como você não há igual.

— Ele sempre foi bom aluno, não será agora que deixará de sê-lo.

— Professora, você não poderia dar-lhe umas aulas de reforço?

— Gostaria muito, pois adoro o que faço, porém não tenho espaço em casa, poderia ser em domicílio?

— Sim, claro. Quando seria possível?

E a conversa foi proveitosa, agendando as aulas de reforço.

Quando Luísa e Tonico casaram-se, foram morar perto dos pais dela e ao mesmo tempo do conservatório musical. Todavia, agora tudo estava mais difícil. Luísa, para deixar as crianças com sua mãe, precisava pegar um ônibus, almoçar lá e depois pegar outro ônibus para chegar onde morava D. Elisabeth, mãe de Alceu.

No primeiro dia de aula, D. Zilda argumentou:

— Filha, não vale a pena ir tão longe para dar uma aula!

Luísa permaneceu em silêncio por alguns segundos. Olhou no fundo dos olhos da mãe e pediu:

— Por favor, mãe!

Deixou as crianças com sua mãe e foi para o compromisso marcado.

Ao chegar lá, Luísa foi recebida em residência muito espaçosa e elegante. D. Elisabeth, uma pessoa muito simples, a recebeu com carinho, primeiro mostrando os artesanatos que fazia com suas amigas.

Alceu e Luísa ficaram contentes, a aula foi proveitosa para ambos.

D. Elisabeth havia contado às amigas que teria uma professora de música em casa, e propôs a

Luísa ter mais um horário específico para iniciantes interessadas.

Luísa humildemente expôs que no momento estava sem instrumentos musicais e...

— Todas querem aprender violão – interrompeu D. Elisabeth sorrindo para tranquilizá-la, e acrescentou: — Providenciarei um violão para você, não se preocupe.

Para se ter uma ideia, a cada semana Luísa tinha uma surpresa, ora mais alunos, mais um horário de aula, um novo instrumento que D. Elisabeth disponibilizava e mais alegrias em sua vida.

Tonico estava mais saudável, dormia e se alimentava bem. Sentia-se muito amado pela esposa e filhos. Reconheceu que na simplicidade é possível ser feliz. Após o trabalho, buscava os filhos na casa dos sogros, adiantava o jantar e aguardava Luísa, que chegava cansada, mas animada com a vida.

Já pudemos notar que uma perturbação espiritual pode ser breve e instrutiva. Infelizmente, a instalação de perturbações duradouras nos faz saber de casos dolorosos de obsessão e vampirismo no saque de energias vitais dos irmãos incautos. Enquanto o homem desejar se enturmar na porta larga dos prazeres e ações fáceis, não terá acesso à porta estreita, mencionada por Jesus, que deveríamos transpor para a nossa felicidade.

Quem se demora envolvido no mal aos outros e a si mesmo não está em condições de fazer o bem.

Luísa ficou grávida. Recebeu cuidados médicos, carinho dos pais e do Tonico. Até os filhos contribuíam com a chegada do irmãozinho. Encontrou em D. Elisabeth uma irmã e amiga. Repousava entre as aulas, fazia refeições com aquela família e, após ter a criança, tornou-se mãe inseparável de Benedito, levando-o ao serviço com pausas para a amamentação.

Como podemos observar, caro leitor, quando você doa amor a uma pessoa, com certeza, por lei divina, vai receber uma reação de amor, se não da própria, de outra pessoa.

Na idade escolar, Benedito passou a morar com D. Elisabeth, para ter acesso fácil a uma excelente escola, passando somente o fim de semana com sua família biológica, embora sua mãe estivesse por perto em alguns dias da semana. Também ele revelou aptidão musical e aos cinco anos começou a solfejar.

O leitor pode observar que amor é um sentimento expansivo, contagiante; não se consegue amar uma só pessoa. O amor, que pode ser exercitado intimamente, dilata o bem-querer a todos do entorno.

A mãe que permite a seus filhos receberem o amor de "outras mães" demonstra que o colóquio familiar fica mais enriquecido, os projetos reencarnatórios são satisfeitos; nas circunstâncias previstas por Deus, todos ganham amor, ninguém tem nada a perder.

Se a relação mãe e filho for minada pelo veneno do ciúme, do egoísmo, da posse, o efeito prejudicial é maior do que se supõe, porque elimina a possibilidade de transmudar sentimentos para o reconhecimento das qualidades do outro, para aceitação do outro, para se colocar no lugar do outro a fim de compreendê-lo e compreender melhor o mundo.

Não é preciso falar muito da vida espiritual para conhecer o que deve ser feito na Terra. Trazemos em nossa consciência que amar é um sentimento divino, natural e expansivo. Falo do amor materno, o mais puro, possível de ser divinizado. O amor filial vem atrás quando o dever de honrar os pais não é obrigação e sim engrandecimento espiritual e, por isso, uma alegria. Não vou adentrar em questões denominadas "amorosas", que se confundem com materialismo físico, com atuações hormonais, com desejos descontrolados. Na maioria dos casos a paixão arrefece e passa, pois se as almas estão separadas, os corpos se separam.

Benedito gostava muito de ler e, adolescente, tornou-se mais interessado na doutrina reveladora. Os filhos de Luísa aproveitaram bem a preparação recebida na infância, naqueles doces momentos de reunião familiar, aos domingos, em torno de histórias das obras Alvorada Cristã e Jesus no Lar. Benedito também encontrou em Alceu um irmão mais velho, com quem amorosamente ficava conversando longo tempo sobre temas edificantes. A afinidade espiritual existente entre D. Elisabeth, Alceu, Luísa e Benedito cresceu, de maneira que muito aprenderam juntos.

Já na fase adulta, Manuel, na carreira militar, foi promovido e transferido para uma cidade do interior. Casou-se. Foi ele quem, com entusiasmo, repassou para Benedito, irmão caçula, as primeiras informações sobre uma Casa Espírita em sua cidade. Ambos ali se apresentaram com aptidão para o estudo evangélico como também para o serviço cristão, e posso dizer que o relacionamento entre os dois irmãos foi fortalecido a partir daí.

Luísa e Tonico mudaram de residência para aquela cidade mais tranquila. Benedito, médium ostensivamente de tarefa, não podia ficar longe de companheiros afins, embora na juventude o interesse maior fosse o ímpeto romântico, que não deixava de ser o cumprimento de tarefas definidas antes do reencarne.

Florinda, neta de D. Rosa, foi de Benedito o grande amor espontaneamente correspondido, pois se tratava de sentimento antigo em existência pregressa. Suas lutas no passado foram para a conquista de sobrevivência, humildade, trabalho honesto. Agora, Florinda e Benedito aprenderiam mais sobre fé, doação, estudo, caridade e ainda amor em família.

Todo homem, para relacionar-se bem com o mundo, deve começar com a família. Como extensão de família, D. Elisabeth recebeu de Benedito atenção, carinho, gratidão e amor eterno. Ela era um Espírito desconhecido para Benedito, uma relação afetiva à primeira vista – nem todo afeto ou desafeto é recorrente do passado.

Todo relacionamento mais estreito, mais íntimo, pode tratar-se de reconciliação, de prova, expiação ou ainda encontro de Espíritos afins para um trabalho em comum; Manuel e Benedito se enquadram nesta última modalidade.

A Casa Espírita ficava lotada de interessados na preleção evangélica e aplicação de passes de reequilíbrio espiritual, para depois ingressarem nos cursos da Casa. O trabalho crescia com mais horários de atendimento, os assistidos vinham de longe, e os trabalhadores eram multifuncionais.

Foi nos anos dourados que começou uma corrente de luzes. A partir de uma Casa Espírita, um grupo de alunos e veteranos fundava outra Casa num bairro próximo; depois de alguns anos, dali se abriria ainda outra Casa, num bairro mais distante. A Casa mais antiga dava respaldo de orientações e contribuições para a mais nova, para os servidores do Cristo na nova frente de trabalho.

Capítulo Doze

No terceiro milênio

Hoje, no século XXI, o viajor pode consultar na cidade em que aporta se há uma Casa Espírita próxima, frequentemente encontrando. Essa corrente luminosa, levando o Cristianismo Primitivo e as Instruções do Espírito da Verdade, abrange quase todo o Brasil.

Muitos Espíritos estão trabalhando pela semeadura do Espiritismo Cristão no Brasil, cuja popularização se deu nos anos dourados de 1960-1970.

Nos primeiros anos da Nova Revelação, as instruções dos Espíritos superiores eram imprescindíveis para nortear os homens deslumbrados com a verdade.

Hoje, os homens espiritualizados, evangelizados, já sabem melhor o que fazer. Nada se consegue sem esforço, sem vontade, sem estudo, sem transformações, sem doações de amor. Quem sabe um pouco pode fortalecer o ânimo de quem nada sabe.

Conhecer a si mesmo e às leis divinas é o básico. Muito mais virá pela frente, mais será acrescentado àquele que tem por objetivo aprender a tornar-se verdadeiro homem de bem, porque somente assim poderá ajudar a construir um planeta melhor.

A Humanidade terrena passará por ciclos evolutivos até chegar à categoria de mundo feliz. Aquele que não quiser retornar à Terra nas mesmas condições evolutivas, deve trabalhar pelo aperfeiçoamento. Esses mundos de regeneração espalhados na abóbada celeste abrem as portas para a encarnação de homens já libertos dos vícios e defeitos que atolam e retardam a evolução dos homens. Só o anseio de ascensão espiritual pode levar a criatura a desejar viver em mundo de regeneração.

Enquanto a Terra passa pela categoria de Provas e Expiações, Espíritos terrenos que evolutivamente avançaram já estão encontrando guarida em outros mundos regeneradores. No entanto, muitos Espíritos que quase poderiam habitar um dos mundos regeneradores fracassam por não aceitarem inteiramente a onipotência e soberania de Deus.

A criatura que progride e merece ser mais feliz pode querer levar consigo um ente querido, malgrado este não ter evoluído suficientemente para isso. Entretanto, ela acredita ser seu amor tão grande, que seria capaz de burlar a justiça divina.

Deus é de um amor absoluto, sem partidarismo, aplicando a correção, a lição, o despertamento espiritual de que seu filho necessita para um dia conquistar a felicidade.

Digo para alertar muitos irmãos encarnados que, ao se desvencilharem do corpo, na morte, volvam o olhar ao próprio aprimoramento. Querer voltar logo à superfície terrena para "ajudar" o encarnado em tudo, não sabendo de fato ajudar, mais atrapalha do que ajuda.

O Espírito que se eleva, mais liberdade conquista, mais possibilidade de realizar benfeitorias em favor do próximo. Antigamente podia parecer história encantada dizer que o Espírito pode viajar de um planeta a outro, se sua missão é ajudar as humanidades. Hoje, posso afirmar que os laços do amor são eternos, mesmo entre criaturas amadas distantes de um orbe ao outro, por isso já é hora de expandir a consciência, almejar ascender espiritualmente para auxiliar melhor.

Quanto mais iluminado se encontra um Espírito em realizações e estado de felicidade, mais ele ajuda, porque sua aura envolve o assistido, suprindo-lhe as perdas energéticas, atenuando o sofrimento e impregnando na aura carente os anseios de futura vida mais feliz.

O maior auxílio, verdadeira caridade mesmo, que possamos dar a um irmão é incentivá-lo a buscar em si a centelha divina. Não é uma centelha divina que habita nele, ele é uma centelha divina. Todos nós somos centelhas divinas da Luz. Deixemos de subterfúgios, vamos diretamente a essa Força Soberana de nossas vidas – Deus! Pois Jesus, o Cristo, veio nos convocar ao amor d'Ele. No entanto, a maioria de cristãos e não cristãos de todos os tempos se põe a adorar santos ou Espíritos, desejando privilégios!

Aquele que busca em suas orações sintonia direta com o Criador, livra-se do risco da sintonia com entidade que se faz passar por Espírito superior, como pseudossábio, tomando a vez de emissários divinos no coração do fiel incauto.

Essa palavra – Deus – está banalizada demais nos sentimentos humanos! Busquemos a Energia Divina, a Luz, o Amor Incondicional próximo de nós. Vejamos em tudo essa Força presente; o homem somente manipula a matéria palpável criada pelo Incriado. Sentir esse Deus tão esquecido é o retorno espiritual do filho ao Pai Eterno.

Ensinamentos para a alma sedenta de luz e exemplos que testemunham a fé e o amor não faltam. Os conselhos morais do Cristo para se chegar a Deus estão aí, as instruções do Espírito da Verdade já chegaram, é hora de exercitar a alma para compreender a finalidade da vida, a excelência divina que também habita em nós, para reverenciá-la, reconhecendo e aceitando Seus desígnios.

Toda dificuldade e sofrimento do homem surgem de transgressões às leis divinas, pensem nisso. Até quando a humanidade vai cultuar seus antepassados, repetindo vícios e defeitos primitivos, se já podemos cortar esse enraizamento para dar espaço a novas qualidades semeadas e adubadas de amor?

Para o leitor que fecha este livro, encerramos dizendo que a felicidade futura precisa ser trabalhada, colhendo flores, não espinhos! Não se detendo detalhadamente nas já conhecidas indecisões, sofrimentos e discordâncias que proliferam na vida terrena, mas observando escolhas e atitudes, sentimentos e emoções que possam nos inspirar.

Fim